KB263537

K-패션, 국내외 의류시장분석보고서 2023개정판

저자 비피기술거래 비피제이기술거래

㈜ 비티타임즈

1. 서론

 K팝이란 거대한 파도가 지나가고 이제 K패션이 세계를 매혹시키고 있다. K패션의 선두주자인 '스타일난다' 쇼핑몰의 모회사 '난다'는 2018년에 세계 최대 코스메틱 기업 로레알에게 매각되는 기염을 토했다. 온라인 쇼핑몰 스타일난다와 함께 뷰티브랜드 3CE로 1600억대 회사로 성장한 난다는 국내영업에 주력하던 2011년까지만 해도 매출 339억 원에 5억 원의 영업 손실을 내는 회사였다. 한국드라마와 영화, 가요 등에 이어 'K패션', 'K뷰티'바람이 불면서 창업 9년만인 2014년 매출 1151억 원으로 1000억 원을 넘어선 것이다. 로레알이 한국 뷰티 브랜드를 산 것은 이번이 처음으로 지분매각가격은 4000억 원 안팎으로 평가된다. 이번 매각 건은 K뷰티나 패션이 세계 트렌드를 좌우할 정도로 영향력이 있다는 점을 입증하는 계기가 되었다.

 2019년 의류산업의 성장률은 전년대비 소폭 상승할 것으로 예상한다. 2018년 보다 1.7% 성장한 43조 1006억 원에 달할 것으로 예상된다. 이 같은 전망은 온라인 및 테마쇼핑몰 등 신유통의 성장과 전통적으로 하반기에 강세를 보이고 있는 캐주얼, 스포츠, 아웃도어 복정의 강세가 꾸준히 이어진다고 본다.

 2010년을 기점으로 저성장을 지속했고 2011년부터 성장동력 부족으로 시장은 장기 침체기에 돌입하여 연평균 성장률 2.8% 수준에 머물렀다. 2017년에는 정치적 현황들로 인해 사회전반에 불확실성이 커지면서 소비심리가 대폭 위축되었다. 그러나 중국 내수시장에서는 그 잠재력을 이어가고 있는데, '한류'는 하나의 문화로 소비되고 있으며, 한국 드라마 및 예능에 등장하는 한국식 스타일에 대한 관심이 높아지고 있다. 중국 최대 전자상거래 사이트인 텐마오 글로벌 몰에서 상위 50개 브랜드에 한국 패션 브랜드가 20개 이상 선정됐으며, 한류 패션 전문 쇼핑몰 한도우이셔(韓都衣舍)는 여성 패션부문(女裝)에서 3년 연속 Top 3을 유지하고 있다.

 현재 K패션은 K뷰티나 K푸드에 비해 진출 속도가 느린 편이지만 그만큼 발전가능성도 크다. 패션 한류를 넘어 K패션이 글로벌 경쟁력을 갖추고 세계적인 브랜드가 되기 위해서는 독창성, 창조성 등 감각이 뛰어난 디자이너 브랜드와 생산 및 유통 경쟁력을 지니고 있는 패션 기업과의 전략적 융합, 그에 따른 시스템이 단단하게 구축되어야 한다. 특히 디자인 감성산업이었던 패션산업이 4차 산업혁명이라는 시대적 이슈를 맞이하면서 이에 따른 소비, 유통, 스타일 트렌드가 변화하고 있음을 감지해야 한다.

  본 보고서를 통해 현재 성숙기에 접어든 패션산업의 동향을 단계별로 알아보고 시장 현황을 살펴볼 것이다. 또한 이와 관련된 기업들의 사례를 통해 향후 패션산업의 전망이 어떠한지 분석해본다.

2. 패션 산업이란?

가. 정의

광의의 패션(의류) 산업은 의류 제조 및 판매와 직간접적으로 연관된 산업(소재, 패션 관련 출판/교육/광고 등)을 포괄할 수 있으나, 협의의 의류산업은 소재와 부자재 등을 구입하여 완제품인 의복, 신발, 가방을 생산하여 판매하는 것으로 한정할 수 있다.

패션산업(fashion industry)은 한국표준산업분류를 기준으로 나누어 볼 때, 업스트림(up-stream)의 섬유산업(textile industry), 미들스트림(middle-stream)의 의류 산업(apparel industry), 다운스트림(down-stream)의 섬유와 의류의 도매, 소매 유통업으로 구분할 수 있다.

일반적으로 제품기획 및 디자인과 생산이 분리된 구조를 가지고 있으며, 전자를 의류 브랜드 사업, 후자를 의류 OEM사업으로 구분한다. LF, 한섬, 신세계 인터내셔널, LS 네트웍스, 아비스타가 의류브랜드 사업에 해당하며, 신원, 신성통상 같이 자체설비를 가지고 수출판매를 주로 담당하는 의류 OEM기업이 후자에 해당한다.

가치사슬의 측면에서 접근하면 패션산업은 의류의 디자인, 제조, 유통, 기타(마케팅, 광고, 법, 금융, 회계, 교육, 미디어 등)의 산업으로 세분화할 수 있는데, 이러한 가치 사슬별 접근에 따라 한국표준산업분류에서 패션산업에 해당되는 분류를 확인하면, 전문디자인업(M73202 제품 디자인업, M73209 기타 전문 디자인업), 의류제조업(C10), 섬유, 의복 및 의복액세서리도, 소매업(G4641, G4741)등이 해당됨을 확인할 수 있다.

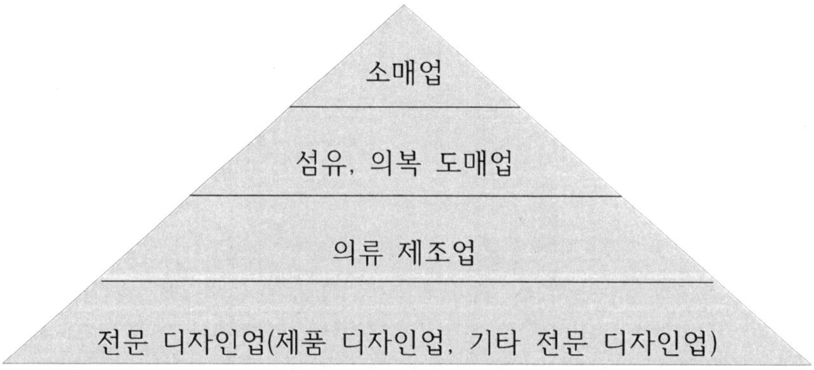

그림 1 국내 패션 산업 가치사슬

국내 패션산업의 현황을 파악하기 위해서는 가치사슬의 측면에서 디자인 및 생산 분야와 유통 및 소비 측면을 구분하여 살펴볼 필요가 있다.

나. 특징

1) 기술, 지식 집약형 산업

국내 패션산업은 저가 대량생산 체제의 섬유산업 단계에서 제품의 기획이나 디자인의 질에 따라 고부가가치가 가능한 기술, 지식 집약형 산업으로 변모해가고 있다. 또한 과거 대규모 자본을 필요로 하는 산업이었던 점에 비해 현대의 패션산업은 소자본으로 기업화가 가능해졌다. 이로써 국내 패션산업은 선진국형 문화창조산업으로 빠르게 변모하고 있으며, 소득수준이 상승함에 따라 패션은 소비자의 라이프스타일을 표현하는 수단으로 문화를 창조하는 한 축을 담당하고 있다.

2) 타 산업 간의 높은 연계성

의류산업의 또 다른 특징으로는 원부자재, 각종재료, 기계설비, 전산장비 등 관련 산업 간의 유기적인 협력체계가 중요하다는 것이다. 외환위기 이후 국내 대부분의 의류기업들은 제품의 기획과 디자인, 유통부분에 집중하고 생산은 원가 절감 및 생산성 향상 등을 목적으로 OEM(Original Equipment Manufacturing, 주문자상표부착생산)기업에 아웃소싱하고 있다. 품질과 납기, 규모의 경제를 통한 원가경쟁력을 확보하기 위해 의류 브랜드 기업과 OEM기업은 상호 긴밀한 관계를 형성하고 있다.

3) 낮은 진입장벽

일부 복종의 경우 자본이 진입장벽으로 작용하기도 하지만, 의류산업은 신규 진입이 상대적으로 용이하여 경쟁강도가 높은 편이다. 브랜드 차별화에 필요한 디자인 및 기획 분야의 핵심 인력이동이 잦은 편이며, 외주 생산구조로 인해 자체 설비투자 부담이 크지 않기 때문이다.

낮은 진입장벽으로 인해 국내 의류시장은 다수의 기업이 경쟁하는 완전경쟁체제를 보이고 있다. 최상위권 의류기업의 연매출이 1.5조원 내외이며 동 매출규모가 국내 패션시장에서 차지하는 비중이 3~4% 수준임을 감안하며, 상위권 의류기업의 시장지배력이 낮은 수준이다.

4) 소비자 지향 산업

소비자의 다양하고 개성 있는 생활양식과 욕구에 대응하는 것이 중요하며, 이에 따라 소비자와의 지속적인 관계를 잘 유지하는 CRM[1]업체가 성공을 하는 추세이다. 제품의 라이프사이클이 짧고 수요예측이 어려워 재고량이 사업성패의 주요 변수로 작용하기 때문에 외주 의존적으로 전환될 수밖에 없다. 소비자의 소득, 연령, 성별, 취향, 유행 등에 따라 세분화·전문화가 가능하며, 소비자 기호에 따라 다품종 소량생산을 전환하는 추세이다.

---

1) Customer Relationship Management의 약자로 우리말로는 '고객관계관리'라고 한다. 기업이 고객과 관련된 내외부 자료를 분석·통합해 고객 중심 자원을 극대화하고 이를 토대로 고객특성에 맞게 마케팅 활동을 계획·지원·평가하는 과정이다.

다. 산업 내 주요 경쟁요소

1) 브랜드 인지도

의류산업은 대표적인 브랜드산업으로 브랜드가 갖고 있는 고유한 이미지의 가치가 중요하며, 이에 따라 물리적 가치뿐만 아니라 심리적 효용가치가 더해져 부가가치가 높은 산업이다. 브랜드인지도가 높을 경우 제품 재구매율이 높은 고정 고객층을 확보하여 안정적인 매출기반과 수익성을 유지할 수 있고, 신규 또는 서브 브랜드를 런칭할 경우에도 기존브랜드의 인지도를 바탕으로 시장 진입이 용이한 장점이 있다. 또한 브랜드 인지도가 장기간에 걸쳐 확보된 경우 신규 브랜드 출시에 따른 마케팅 비용을 절감할 수도 있다.

브랜드의 수명은 유행에 대한 민감도, 연령층 등에 따라 복종별로 차이를 보이고 있다. 남성정장, 트래디셔널 캐주얼과 같이 유행에 덜 민감한 복종의 경우에는 브랜드 이미지 구축에 자금과 기간이 많이 소요되지만 브랜드가 시장에 안착할 경우 장수브랜드의 특성을 보인다. 반면, 유행에 민감한 여성복, 10대 대상의 캐주얼 복종은 상대적으로 고객 충성도가 낮아 브랜드 수명이 짧은 편이다.

2) 유통망 관리 능력

판매를 위한 유통망은 의류산업에서 중요한 경쟁요소 중 하나이다. 유통망은 판매가 이루어지는 장소 일뿐만 아니라 유통망이 갖고 있는 외적인 요소에 의해서도 브랜드 이미지에 미치는 영향이 크기 때문이다. 의류 유통망은 앞서 본 것처럼 직영/대리점의 전문소매점과 백화점, 대형마트, 홈쇼핑, 인터넷쇼핑몰 등으로 이루어져 있다. 이 중 브랜드 이미지를 통한 고부가가치는 백화점, 전문소매점, 대형마트, 홈쇼핑, 인터넷쇼핑몰 순으로 창출되는 것으로 판단된다.

다만 경기에 민감한 소비자의 의류구매 행태와 재고 부담을 줄이려는 의류기업의 이해관계가 맞물리면서 할인판매 중심의 대형마트, 대량판매가 가능한 홈쇼핑, 접근성이 높은 온라인 오픈마켓 또는 브랜드기업의 자체 온라인몰 등 무점포채널의 판매비중이 높아지고 있으며, 고가 브랜드 위주의 백화점과 집객력이 약한 전문소매점이 비중이 낮아지는 추세이다.

3) 재고관리 능력

기획 및 수요예측 실패 시 재고 부담을 가지며, 제품이 유행에 민감하고 라이프사이
클이 짧아 재고처리 부담이 높다. 적당한 재고는 필요하지만 현재 국내 패션시장의
현실은 적정 재고 수준을 넘어선 기업이 태반이다. 재고이월재고는 할인판매 등을 통
해 처분되는데 과도한 할인판매 정책은 브랜드이미지에 부정적인 영향을 미치게 된
다. 이에 연간 수요 상황에 대한 예측이 필요하며, 차별화된 재고 및 유통채널 관리
능력이 경쟁지위 평가에 있어 중요한 변수로 작용하고 있다.

한편, 재고처리는 리테일 아웃렛, 대리점, 자체 온라인몰 등을 통해 이뤄지며, 적절한
가격인하 시기와 폭을 선정하여 재고물량을 줄이는 것이 중요하다. 너무 늦은 가격인
하는 재고물량을 충분히 줄이지 못하고 악성재고를 만드는 결과를 초래한다. 이러한
악순환 구조가 계속되면 한국 패션시장은 가장 큰 경쟁력인 '속도'를 잃게 된다. 트렌
드를 누구보다 빠르게 제안하는 능력이 한국패션의 최대 강점이었는데, 누적된 재고
가 발목을 잡고 있는 것이다. 경제성장률 2%대를 논하는 지금과 같은 저성장 시대에
는 비효율을 제거하고 발 빠른 트렌드와 합리적인 가격대 제시로 소비자들의 발길을
끌어당겨야 한다.

현재 국내 의류 기업들의 연간 재고자산회전율은 2~5회전 수준을 보이고 있는데, 원
단을 미리 비축해 놓고 판매동향에 따라 다양한 품목의 빠른 공급을 차별화된 전략으
로 내세우는 SPA업체들의 경우 재고 회전이 매우 빠르다. 이들의 연간 재고자산 회
전율은 12~24회 범위에 위치하며, 과잉생산 부담이 적고 직영점 위주로 유통망을 관
리하여 빠르고 효율적인 재고관리가 가능한 점이 장점이다.

자라 리테일 코리아가 좋은 사례인데, 자라는 2016년 결산 실적(회계연도 1월)을 들
여다보면 매출 3450억 원에 재고자산은 152억 원에 불과하다. 재고자산회전율[2]을 보
면 24.9회전으로 2015년도 재고자산회전율 23.3회전을 뛰어넘었다. 이는 한 달에 두

---

2) 재고자산회전율 : 매출액을 재고 자산으로 나눈 것으로 재고 자산의 회전 속도, 즉 재고 자산이 당좌
  자산으로 변화하는 속도를 나타낸다. 재고자산회전율이 높다는 것은 쉽게 말해 재고가 창고에 들어오
  기 무섭게 판매된다는 것을 의미하고, 재고자산회전율이 낮다는 것은 판매가 부진해 창고에 오랫동안
  재고 자산이 쌓여 있는 것을 의미한다. 일반적으로 이 비율이 높을수록 자본수익률이 높아지고 매입
  채무가 감소하며 상품의 재고 손실을 막을 수 있고 보험료·보관료를 절약할 수 있다. 그러나 지나
  치게 높을 경우는 원재료 및 제품 등의 부족으로 계속적인 생산 및 판매 활동에 지장을 초래할 수도
  있다.

번 꼴로 매장에 입고된 재고가 전량 팔려 나간 셈인데, 현재까지도 비슷한 수준을 유
지하고 있다.

3. 가치사슬별 산업 현황

의류 산업은 정의에서 살펴보았듯이 원부자재 생산, 의류제품 생산, 유통 판매 등 복합적인 산업구조를 가지고 있다. 구체적으로 원료섬유의 제조(Up-Stream)→직물제조 및 염색·가공(Mid-Stream)→의류 및 섬유 제조(Down-stream)등의 단계적 Stream 구조를 지닌다. 이에 따라, 실 방적업자, 섬유 제조업자, 원단과 부자재 제조업자, 원단 염색업자, 프린트업자 및 가공업자, 의류 제조업자, 소매상 등 다양한 업체가 관여한다.

의류 산업은 원사단계에서 시작하여 방적·방직 단계를 거쳐 원단(1차 제품)이 생산되어, 어패럴 제조업체에서 완제품(2차 제품)으로 만들어지기까지를 '생산스트림'라 정의하고, 도매상·소매상을 거쳐 소비자에 이르기까지를 '유통스트림'이라 정의한다.

생산스트림에는 섬유제품 제조업 중에서 원료와 원사 생산기업들이 활동하는 업스트림, 업스트림의 자재를 활용하여 제직 및 염색 등 가공을 하는 생산기업들이 활동하는 미들스트림, 미들스트림의 소재로 봉제생산을 하는 다운스트림으로 구성된다. 이들 생산스트림은 산업과 산업과의 거래가 일어나는 산업재 마케팅을 가진 Network 구조인 반면, 의류유통이 중심이 되는 유통스트림은 산업과 소비자 간 거래가 일어나는 소비재 마케팅을 가진 Network구조를 가진다.

현재 의류산업은 기획·유통 등에 집중하여 외주생산 및 프로모션업체를 통한 완사입, 하청업체인 중소업체들은 주로 봉제부문만을 담당하고 있다.3) 본 장에서는 가치사슬별로 산업현황을 다뤄볼 것이다.

---

3) 2016년 의류산업 경쟁력 조사, 산업통상자원부 무역위원회 중소기업연구원, 2016

가. 패션디자인 산업 현황

디자인 산업 분류에 있어서 '패션/텍스타일 디자인'이란 분류 아래 패션디자인, 기능성패션디자인, 텍스타일디자인, 잡화디자인, 기타패션텍스타일디자인 등의 범위를 포괄하고 있다. 이는 업스트림의 섬유산업에 해당하는 디자인 산업을 포함하고 있다는 점에서 일반적인 패션산업의 범위를 다소 넘는 측면이 있어 해석할 때 유의해야 한다.

2021 디자인산업통계조사에 따르면, 모집단으로 추정되는 기업으로서 '디자인 활용기업'의 수는 12,476곳이다. 이중 미들스트림에 해당하는 의류 디자인 기업은 전체의 56.2%, 업스트림에 해당하는 섬유 디자인 기업은 전체의 27.6%이며, 잡화·가방·신발·액세서리 디자인 기업은 16.2%으로 나타났다.

패션/텍스타일 디자인 기업들의 규모는 종사자수 5~9인 미만에 해당하는 소규모 기업이 전체의 70.3%를 차지하는 등 전체적으로 영세한 규모가 다수를 이루고 있다. 패션의류 디자인 기업의 경우, 스포츠웨어(16.8%)와 여성복(13.7%)이 가장 많은 비중을 차지하고 있다.

소분류명	5-9인	10-19인	20-49인	50-99인	100-299인	300인이상	계
남성복 디자인	289	82	38	13	11	2	435
여성복 디자인	1,377	190	100	23	18	3	1711
유아동복 디자인	154	41	19	5	3	0	222
모피 디자인	94	19	11	2	0	0	126
전통복식 디자인	54	9	3	0	0	0	66
스포츠웨어 디자인	1,607	369	103	14	5	1	2099
근무복, 캐주얼웨어 디자인	620	217	124	25	12	2	1000
테크니컬웨어, 아우터웨어 디자인	251	30	5	6	0	0	292
이너웨어 디자인	743	207	80	22	8	3	1063

인테리어텍스타일 디자인	598	143	78	26	4	0	849
직물 디자인	77	36	22	3	0	0	138
편물 디자인	740	190	59	9	1	0	999
프린팅 디자인	470	196	207	72	18	0	963
기타 페브릭 디자인	254	134	85	19	7	0	499
패션악세사리 디자인	140	37	12	1	1	0	191
슈즈 디자인	325	131	80	15	7	0	558
가방 디자인	518	77	34	5	2	1	637
기타 잡화 디자인	465	102	53	5	3	0	628
총　계	8776	2210	1113	265	100	12	12476

표 1 패션디자인활용업체의 규모별 모집단 크기(단위 : 개)
자료 : 2021 디자인산업통계조사, 한국디자인진흥원, 2021

▾ 일반업체 업종 및 종사자 규모별 모집단 크기 (단위 : 개)

업종	종사자 규모						
	5-9인	10-19인	20-49인	50-99인	100-299인	300인 이상	계
전체	208,387	88,085	50,013	13,935	7,429	2,107	369,956
제품 디자인	28,548	11,839	9,914	3,072	1,660	423	55,456
시각 디자인	13,141	4,123	3,046	922	516	93	21,841
디지털/멀티미디어 디자인	3,841	1,874	1,206	363	205	51	7,540
공간 디자인	50,663	24,033	11,360	2,702	1,610	547	90,915
패션/텍스타일 디자인	8,776	2,210	1,113	265	100	12	12,476
서비스/경험 디자인	27,439	17,134	8,895	2,747	1,504	378	58,097
산업공예 디자인	12,824	4,045	2,375	400	168	17	19,829
디자인인프라 (디자인기반기술)	63,155	22,827	12,104	3,464	1,666	586	103,802

그림 4 패션디자인 활용업체의 대분류업종/규모별 모집단 크기
자료 : 2021 디자인산업통계조사, 한국디자인진흥원, 2021

패션/텍스타일 디자인 활용업체의 규모를 통해 본 패션/텍스타일 디자인 산업규모는 2020년 5590억 원 규모로 2019년에 비해 0.9% 증가했다. 디자인 활용업체들의 디자인산업 총 규모는 13조 857억 원으로 추정된다.[4]

구분	2019년			2020년			전년 대비 증감률
	디자인 활용 업체수	평균 디자인 투자금액	산업 규모	디자인 활용 업체수	평균 디자인 투자금액	산업 규모	
패션/ 텍스타일 디자인	5,055	109.57	553,914	5,653	98.90	559,047	△0.9%
전체	141,971	90.22	12,808,262	147,595	88.66	13,085,678	△2.2%

표 2 2019-2020년 디자인 활용업체의 디자인 산업규모 (단위: 백만원)
자료 : 2021 산업디자인통계조사, 한국디자인진흥원, 2021

2020년 패션/텍스타일 디자인 활용업체 인력 규모는 12,786명으로 전년대비 1.3% 감소했다. 전체 디자인 활용업체의 인력규모는 268,176명으로 전년대비 0.8% 상승하였다.

---

4) 2021 디자인산업통계조사, 한국디자인진흥원, 2021

구분	2019년			2020년			전년 대비 증감률
	평균디자이너 수		인력 규모	평균디자이너 수		인력 규모	
	고용업체	활용업체		고용업체	활용업체		
패션/텍스타일 디자인	2.92	2.46	12,958	2.51	2.26	12,786	▽1.3%
전체	2.47	1.87	266,075	2.92	1.82	268,176	△0.8%

표 3 2019-2020 디자인 활용업체의 디자인 산업인력규모 (단위: 명)
자료 : 2021 산업디자인 통계조사, 한국디자인진흥원, 2021

2020년 디자인 산업의 규모는 19조 4,244억 원으로 전년도에 비해 6.2% 증가했으며, 평균 매출액은 607억 원으로 전년 대비 10.8% 증가한 수치이다. 패션, 섬유류 및 기타 디자인은 2020년 평균 매출액 588억 원으로 2019년에 비해 0.8% 감소했다.

구분	2019년			2020년			전년대비증감률
	조사모집단 (업체수)	평균 매출액	산업규모 (비중)	조사모집단 (업체수)	평균 매출액	산업규모 (비중)	
패션, 섬유류 및 기타 디자인	868	619.51	537,737	906	588.52	533,195	▽0.8%
전체	6,264	632.62	3,962,759	7,229	607.24	4,389,712	△10.8%

표 4 디자인업체의 디자인산업 규모 (단위: 개, 백만원)
자료 : 2021 산업디자인 통계조사, 한국디자인진흥원, 2021

패션/텍스타일 디자인의 경제적 가치는 디자이너의 창조적 작업을 통해 생산되는 패션 디자인이 기존의 섬유 생산의 효율에 기초한 수출 및 내수 시장의 한계를 극복하고 부가가치를 높이는데 크게 기여할 수 있음을 잘 보여준다.

비록 현재 다소 영세한 사업구조가 다수를 이루고 있지만, 이들 전문기업이 중견기업으로 성장해 나가는 과정에서 패션 디자인 활용 산업 전반에 미치는 경제적 가치는 매우 높을 것이라고 예상할 수 있다. 따라서 디자인 관점에서 패션 디자인 전문기업의 성장을 어떻게 이끌어낼 수 있을 것인지에 대한 정책적 판단과 지원이 필요하다고 할 수 있다.

나. 패션 의류 제조업 현황

의류제조업은 전통적인 의류산업의 근간을 이루는 것으로 특히 2016년에는 정부가 선정한 '5대 유망 소비자 산업(K소비재)'에 의류 산업이 포함되어 있기도 했다.

구체적으로는 한국표준산업분류상 의류제조업(C14)은 다양한 원단을 소재로 인체에 맞게 재단, 봉제, 가공 공정을 통해 의복 등을 제조하는 산업을 대상으로 하고 있다. 미들스트림에 해당하는 의류제조업이 협의의 의류산업이라면, 다운스트림에 해당하는 의류 관련 도매/소매업(G4641~2, G474)등은 광의의 의류산업으로 볼 수 있다.

국내 의류 제조업은 생산액, 부가가치 측면에서 전반적으로 약세를 보이고 있으며, 내수 둔화 및 수출 감소가 그 원인으로 지목되고 있다. 특히 2010년 이후 생산 증가율과 부가가치 증가율 모두 둔화되고 있다.

사업체 수와 종사자 수는 2010년을 기점으로 다시 증가 추이로 돌아서고 있는데, 흥미로운 것은 10인 이상 사업체수 및 종사자 수는 증가율이 마이너스를 보이고 있으나, 1~9인 규모의 소규모 사업자 및 종사자는 증가세를 보이고 있다는 점이다. 2008년 글로벌 금융위기 이후 10인 미만 규모의 패션의류 업체 및 종사자 수 비중이 증가하는 것으로 보이며, 이는 패션 디자인 산업의 구조변화와 관련된 현상으로 이해할 수 있다.

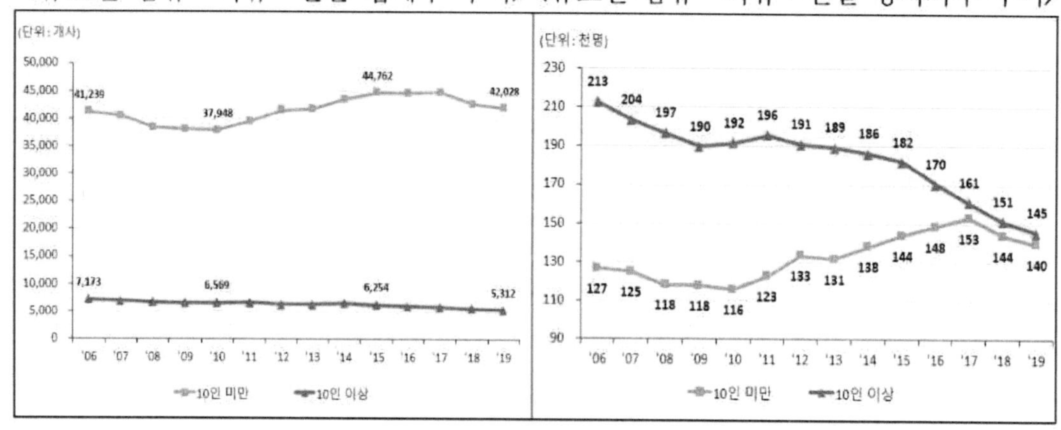

그림 5 패션의류산업 종사자 규모별 사업체 구조 변화 추이
자료 : 통계청 전국사업체조사(1인 이상 사업체 조사자료), 2021

2019년 국내 섬유·의류·신발업체의 업종별, 종사자 규모별 현황을 보면, 업체규모 전체의 99.96%가 종사자수 300인 미만 규모로, 일부 업체를 제외한 대부분이 중소규모 기업임을 알 수 있다. 이 중 종사자수 10인 미만의 업체수는 42,028개사로 전체의 88.8%이며 종사자수는 전체의 49.0%인 139,527명이다.

<섬유·의류·신발산업의 업종별/ 종사자 규모별 현황('19년)>

(단위 : 개, 명, %)

구 분	10인 미만		300인 미만		300인 이상		전체(1인 이상)	
	업체수	종사자수	업체수	종사자수	업체수	종사자수	업체수	종사자수
섬유·의류·신발	42,028	139,527	47,322	274,561	18	10,398	47,340	284,959
(비중%)	(88.8)	(49.0)	(99.96)	(96.4)	(0.04)	(3.6)	(100.0)	(100.0)
섬유	18,815	60,884	21,696	136,741	4	2,293	21,700	139,034
의류	21,040	70,735	23,021	118,525	9	5,979	23,030	124,504
화학섬유	132	569	196	3,254	5	2,126	201	5,380
신발	2,041	7,339	2,409	16,041	0	0	2,409	16,041

그림 6 2019년 섬유·의류·신발산업의 업종별 종사자 규모별 현황
자료 : 통계청 전국사업체조사(1인 이상 사업체 조사자료)

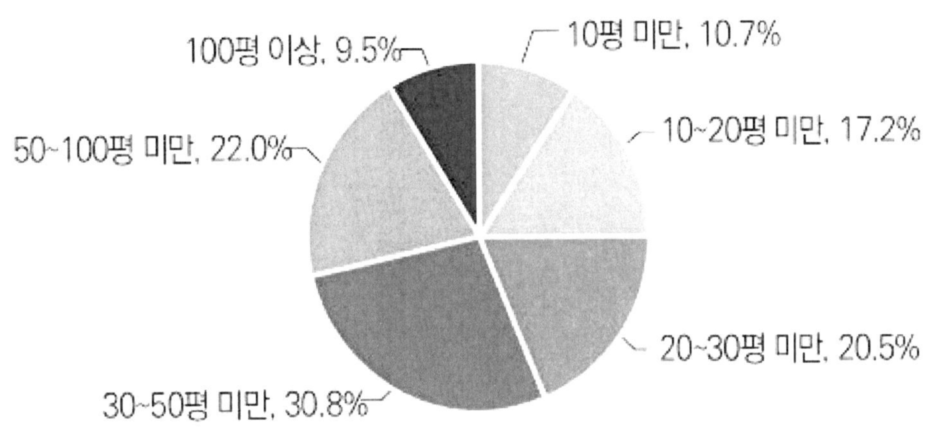

그림 7 국내 패션 제조업체들의 공장규모

사업장이 임대료가 싼 지하공간에 많이 위치해 공간도 비좁아 작업환경도 매우 열악하다. 사업장 규모는 50평 미만이 전체의 79.2%에 달하는 등 매우 협소한 것으로 밝혀졌다.

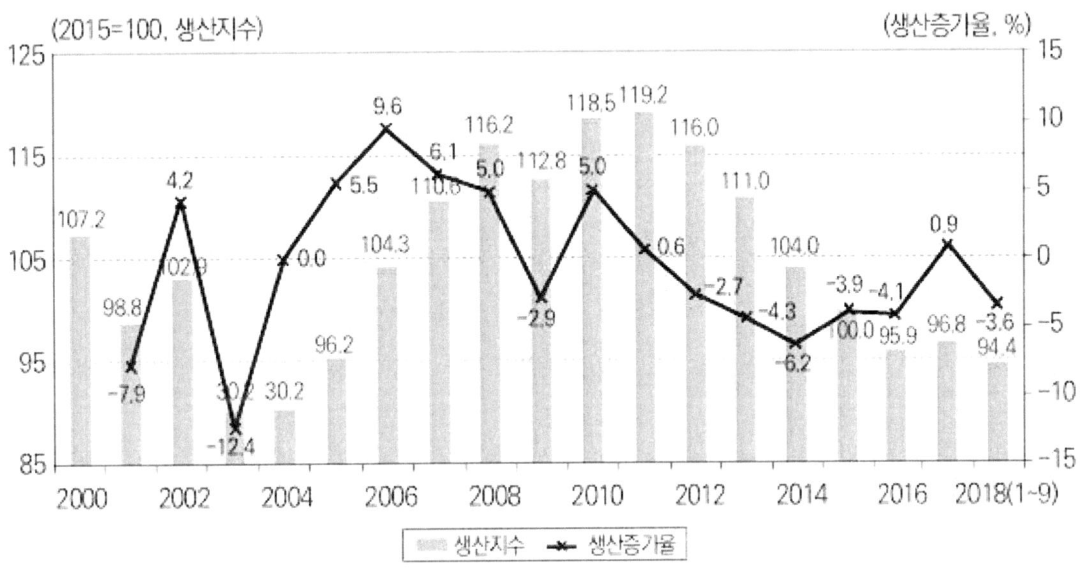

그림 8 국내 패션의류 생산지수 추이(물량기준)
자료 : 한국패션의류산업의 구조고도화전략, 산업연구원, 2018

국내 패션의류 생산량은 2004년 이후 증가세를 보이다가 2012년부터 다시 감소세로 반전되었다. 특히, 2017년에 소폭이나마 증가세로 반전되는 듯하다가 2018년 들어 다시 감소세로 돌아섰다.

국내 패션의류 생산량은 2011~16년 기간 동안 연평균 4.2% 감소하였다가, 2017년에는 전년대비 0.9%증가했다. 하지만 2018년 1~9월 기간 동안에는 다시 전년 동기 비 3.6%감소했다.

2018년 1~9월 기간 동안에 재고량이 전년 동기보다 9.0% 증가한 가운데 출하량은 4.9% 감소했다.

다. 패션 유통산업 동향

1) 4차 산업혁명 시대의 유통업 키워드

가) 벨류체인

4차 산업혁명 시대에는 유통정보에 대한 접근성 향상 및 유통 지원 서비스업의 발전으로 유통단계가 축소될 것이다. 유통산업에서는 일반적으로 상품은 5~7단계에 걸쳐 제조사(생산자)에서 소비자에게 전달된다. 단계별로 특화된 거래 정보 체계, 결제 환경, 배송 네트워크 등이 구축되어 있어 이러한 유통거래 방식이 오래 지속되어 왔다.

앞으로 다가오는 4차 산업혁명 시대에는 유통정보에 대한 접근성이 향상되고 결제·배송 등 유통 지원 서비스가 발전하면서 거래 당사자들 간 직접 거래할 수 있는 유통환경이 조성될 것으로 보인다. 예를 들면, 소비자가 국내 소매업 등을 이용하지 않고 해외 판매자로부터 직접 구매하는 '직구(해외 직접 구매)'가 대표적이다. 국내외 소비자의 경우 해외직구 규모를 살펴보면 2020년 3/4분기 9,145억 원으로 전년대비 27% 성장하였고, 패션제품 거래비중도 2020년 3/4분기 전체 상품거래액에서 38.1%를 차지하는 등 높은 비중을 차지하고 있다.

< 상품군별 온라인쇼핑 거래액 >

(억원, %)

	2019년 2/4	2020년 1/4	2020년 2/4ᴾ	전분기비	전 년 동분기비	구성비
○ 합 계	325,293	368,927	374,617	1.5	15.2	100.0
- 가 전	49,711	58,857	63,151	7.3	27.0	16.9
· 컴퓨터 및 주변기기	12,905	18,544	17,704	-4.5	37.2	4.7
· 가전·전자·통신기기	36,806	40,313	45,448	12.7	23.5	12.1
- 도 서	6,266	8,870	8,034	-9.4	28.2	2.1
· 서적	4,061	6,192	5,484	-11.4	35.0	1.5
· 사무·문구	2,205	2,679	2,550	-4.8	15.7	0.7
- 패 션	104,136	101,332	112,312	10.8	7.9	30.0
· 의복	35,582	31,834	38,560	21.1	8.4	10.3
· 신발	5,589	5,115	6,836	33.7	22.3	1.8
· 가방	6,394	6,209	6,464	4.1	1.1	1.7
· 패션용품 및 액세서리	6,545	5,656	5,534	-2.2	-15.4	1.5
· 스포츠·레저용품	11,138	9,433	14,058	49.0	26.2	3.8
· 화장품	28,948	31,586	28,840	-8.7	-0.4	7.7
· 아동·유아용품	9,940	11,499	12,019	4.5	20.9	3.2

그림 9 상품군별 온라인쇼핑 거래액
자료 : 2018년 한국패션 소비자 시장규모, 한국섬유산업연합회, 2018

온라인·플랫폼 서비스 이용환경이 발전하면서 소비자가 공구(공동구매) 플랫폼 등을 통해 도매업자, 또는 제조업자로부터 직접 구매하는 직거래도 확대되었다. 소매업자가 직접 해외 제조업체 물건을 직수입하는 등 도매업체를 통하지 않고 구매하는 사례도 증가하고 있다.

2020년 이후 온라인 해외직구 거래액도 증가하는 추세이다. 2020년에 온라인 해외 직접 구매액(해외직구)가 첫 5조원을 넘어선데 이어 2021년에는 전년대비 26.4% 증가한 5조 1404억원을 기록했다.[5]

---

5) 통계청, 온라인 패션 거래액 9.2% 성장한 49조7192억원, 한국섬유신문, 2022

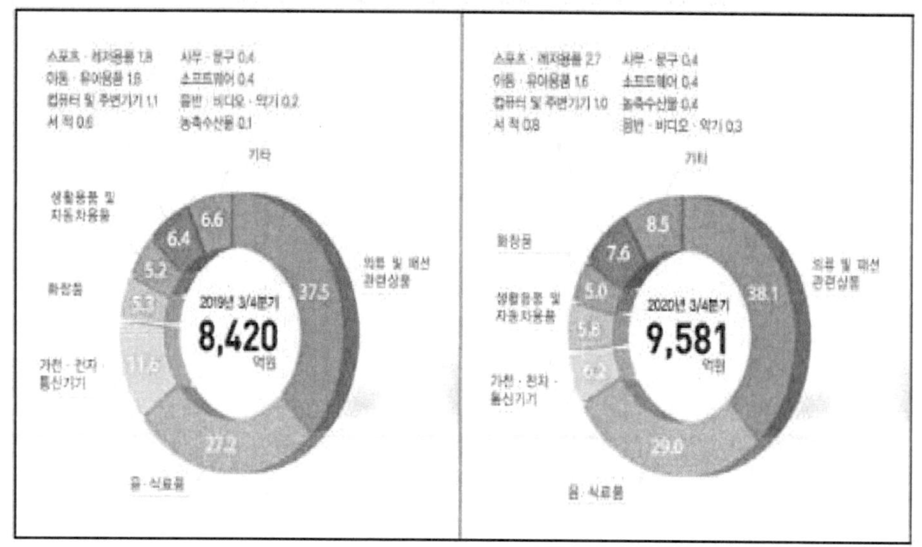

그림 10 상품군별 온라인 해외 직접 구매액 구성비
자료 : 통계청, 2020

한편, 2020년 코로나 영향에 따른 이동의 제한 등으로 글로벌 밸류체인이 붕괴됨에 따라 3D를 활용한 디자인·샘플제작, 화상회의(비디오 컨퍼런스) 등 디지털 전환이 가속화되고 있다. 디지털화가 패션유통에서 기획-생산-유통 등 전 분야로 확산되면서 디지털 생산공정관리시스템(MES)을 구축하는 등 디지털 역량이 뛰어난 패션기업이 브랜드를 창출하며 시장을 주도하고 있다. 또한 소비자에게 의류를 추천하거나 공유하는 서비스, 메타버스 상 가상의류 판매 등 AI, 빅데이터 등을 패션에 접목하여 새로운 시장들이 형성되고 있다.[6]

나) 유통 채널

정보통신 기술의 발전으로 유통 채널이 오프라인에서 온라인, 모바일로 확장되고 있다. 전 세계적으로 전자상거래 시장이 확대되고 있으며 국내 온라인 쇼핑몰 거래액도 2020년 11월 온라인 쇼핑 거래액은 15조 631억원으로 전년동월대비 17.2% 증가하였으며, 온라인 쇼핑 중 모바일 쇼핑 거래액은 10조 2,598억원으로 21.9% 증가하였다. 스마트폰의 등장으로 온라인 소비의 시간적·공간적 제약이 더욱 완화되면서 모바일

---

6) 글로벌 패션테크 선점을 위한 섬유패션의 디지털 전환 전략, 산업통상자원부, 2022

쇼핑이 온라인 쇼핑 성장을 견인시키고 있다, 대형마트 등 오프라인 유통업체도 성장 둔화 극복을 위해 온라인 채널을 확대하고 있는 추세이다.

통계청이 발표한 '2021 온라인 쇼핑 동향' 자료에 따르면 2021년 온라인 쇼핑 거래액이 192조 8946억원으로 전년대비 21.0% 상승한 수치이며, 이 중 패션은 49조 7192억원으로 전년대비 9.2% 올랐다. 패션의 모바일 거래액은 66.7%인 33조 1633억원이며 가방과 스포츠레저용품, 의복, 패션용품 및 액세서리, 신발 모두 상승세를 타고 있다.

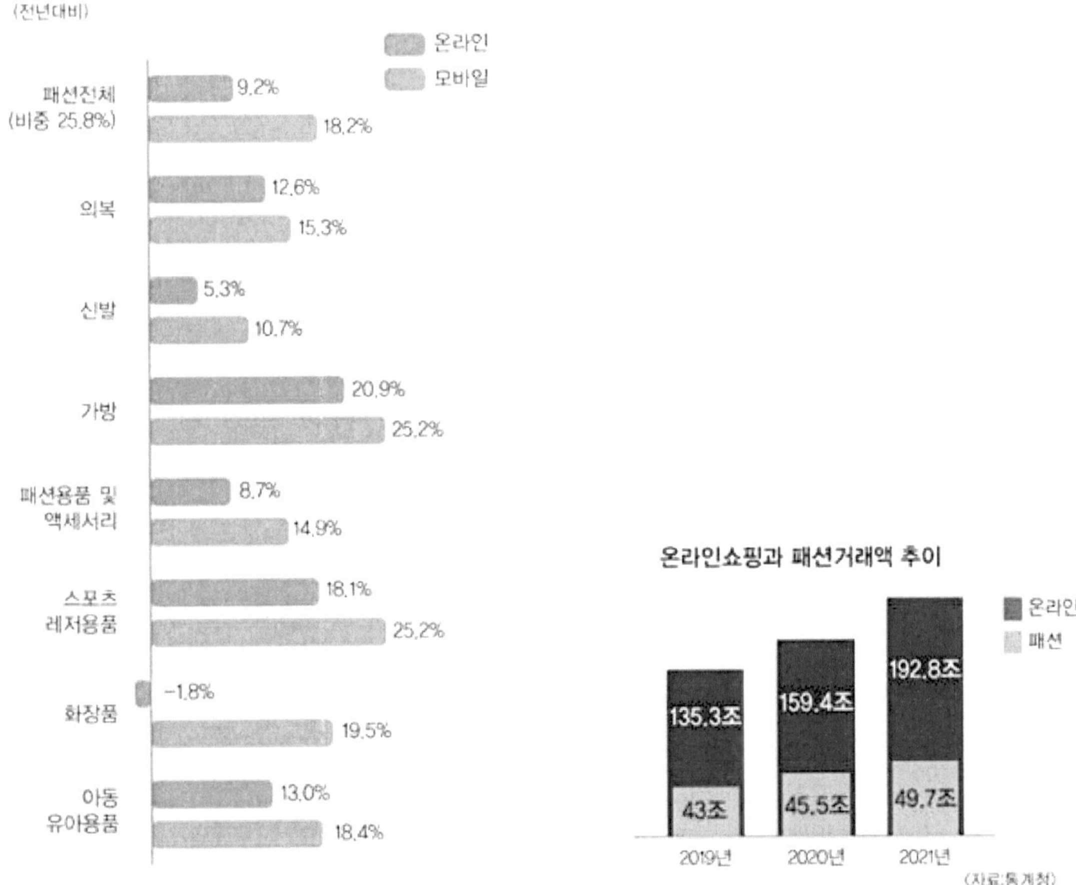

그림 11 2021년 패션의류산업 온라인 쇼핑거래액 현황
자료 : 통계청, 2022

통계청에 따르면, 국내 온라인 쇼핑 시장 규모는 2019년 135조원에서 2020년 161조 1000억원으로 증가했고, 2021년에 185조원 규모로 성장했다. 한국온라인쇼핑협회는 2023년 421조원 규모까지 성장할 것으로 추정하고 있다.

국내 온라인 쇼핑 시장 규모

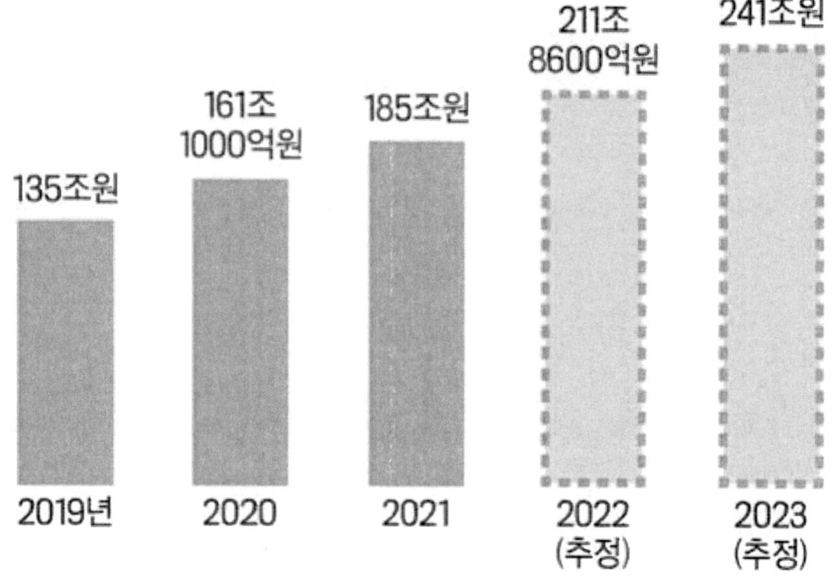

그림 12 국내 온라인 쇼핑 시장 전망
자료 : 통계청, 한국온라인쇼핑협회

또한 통계청의 온라인 쇼핑 동향조사 통계자료(KOSIS)에 따르면 '온라인 쇼핑 총거래액'이 2018년 113조 원에서 2021년 188조 원으로 3년 사이 66%가 증가했다. 온라인 쇼핑 중 '모바일 쇼핑 거래액'도 2018년 전체의 61%에서 2021년 72%로 점차 비중을 넓혀가고 있다.

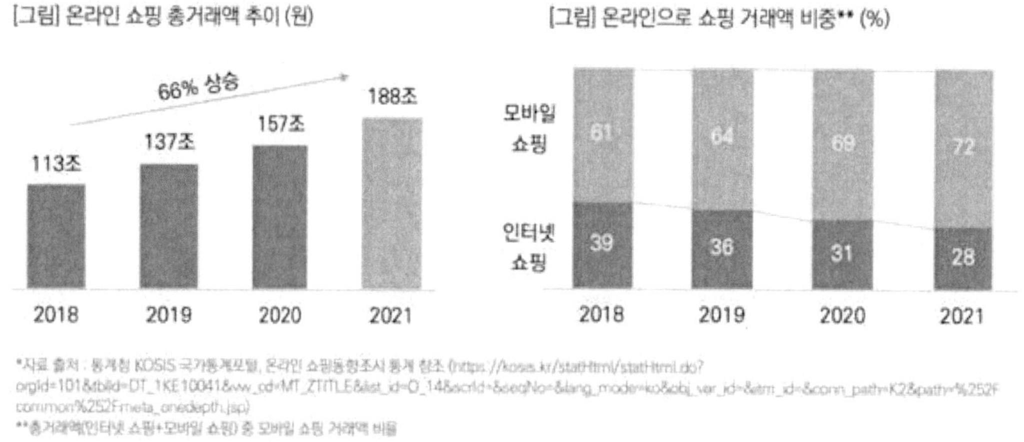

그림 13 온라인 쇼핑 거래액 추이(원)
자료 : 온라인 쇼핑 동향조사 통계자료(KOSIS), 통계청, 2022

다) 상품관리

최근 시장에서 판매되는 상품 품목이 다양해지고 상품정보가 과잉 제공되면서 소비자의 구매 결정이 어려워졌다. 소비의 개인화, 유통기업의 대형화, 온라인 쇼핑몰의 확산 등에 따라 선택 가능한 상품 품목수가 급증하고 원하는 상품을 찾기 위한 소비자의 노력 투입이 증가하는 것이다. Criteo에 따르면 온라인 소비자가 제품을 구매하기 위해서는 최초로 검색을 한 날부터 구매까지 길게는 28일 정도 걸리는 것으로 조사되었다.

이처럼 소비자의 구매 피로도가 높아지면서 반대로 소규모 매장에서 제한적인 상품만을 판매하여 구매의 수고를 덜어주는 편의점 등이 인기 있을 것으로 예상된다. 이에 인공지능과 빅데이터 등 정보통신기술을 활용해 소비자가 필요로 하는 상품을 적시적소에 제공하는 상품관리 방식이 확산될 것으로 보인다.

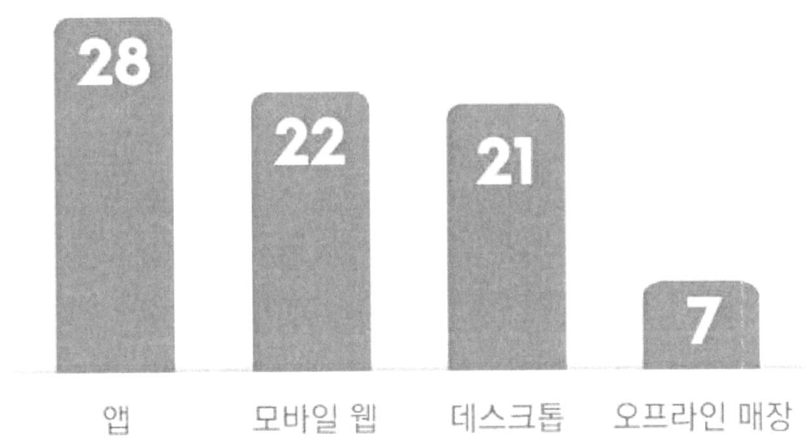

그림 14 거래 디바이스별 소비자의 구매결정 소요기간
자료 : 쇼퍼 스토리 2020, criteo, 2020

아마존은 빅데이터 분석으로 소비자의 소비 패턴을 파악해 구매 가능성이 높은 물건을 해당 지역 물류창고에 미리 가져다두는 '예측배송' 서비스를 도입했다. 미국 유통업 전문 조사기관인 BRP(Boston Retail Partners)가 미 유통기업들을 대상으로 조사한 결과에 따르면 40%이상의 기업들이 쇼핑을 도와주는 챗봇(Chatbot)이나 인공지능 비서 등 인공지능 기술을 도입했거나 3년 이내로 도입할 계획을 가지고 있다고 한다.

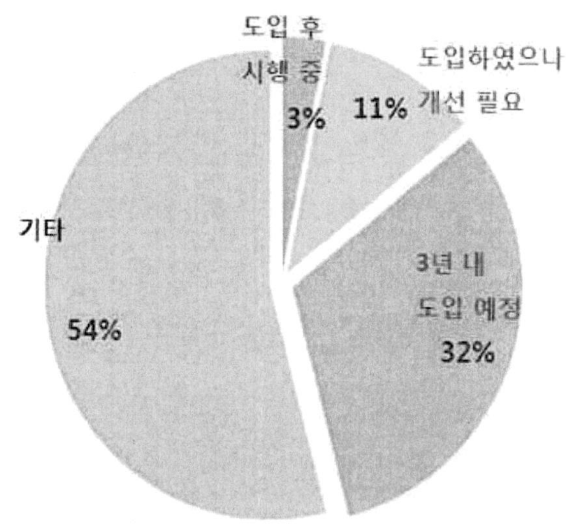

그림 15 해외 유통기업의 인공지능 도입 현황
자료 : Boston Retail Partners, 2017

　　라) 판매촉진

모바일 기기의 확산에 따라 소비자들이 디지털 기술이 제공하는 즉각적·맞춤형 서비스에 익숙해지면서 개인화되는 소비행태가 보다 강화되고 있다. 일례로 상당수 소비자들이 관심사와 무관한 광고, 이미 구입한 제품에 대한 광고 등 개인의 특성을 무시한 광고에 대해 거부감을 표시한다는 연구결과를 보면 알 수 있다.

이러한 변화를 반영하여 빅데이터, 위치기반 기술 등을 활용한 고객 맞춤형 판매촉진 활동이 활성화되고 있다. 유통업의 주요 마케팅 채널이 전통적인 매스미디어에서 벗어나 소셜 미디어, 온라인 동영상 채널로 중심이 이동하고 있는데, 기업들은 소비자와의 접점 확대 및 소통 효율 제고를 위해 소셜미디어, 온라인 동영상 채널을 구축하기 위해 활발히 추진 중이다. 이는 개인의 취향이 중요한 의류산업에서 더욱 더 반영될 것이다.

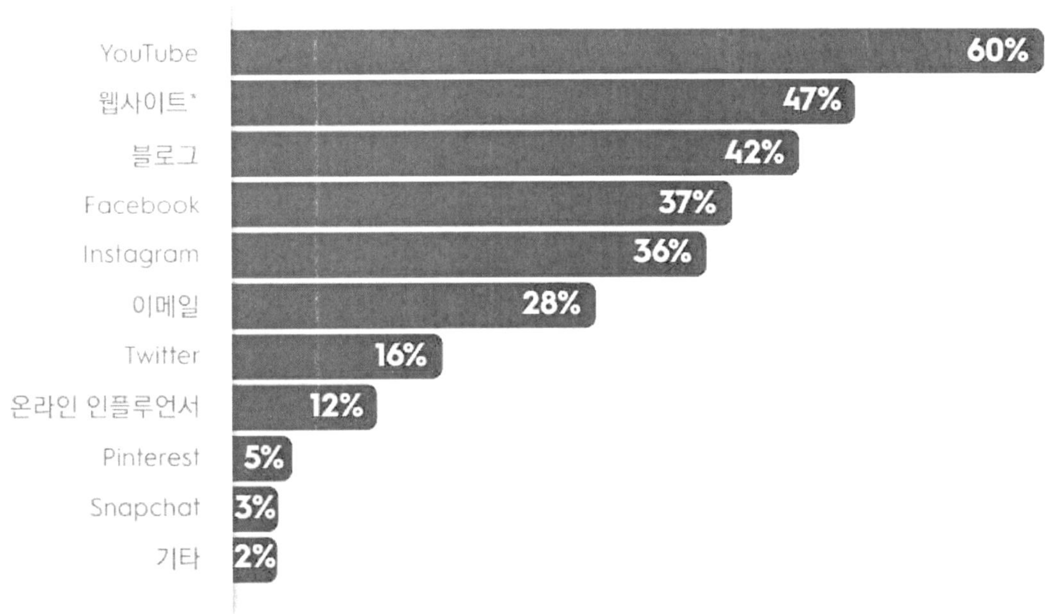

그림 16 소비자의 구매결정에 영향을 미치는 온라인 채널
자료 : 쇼퍼 스토리 2020, criteo, 2020

한편, 유통업계에서 대두된 것이 바로 옴니 채널(Omni-channel)이다. 과거에는 오프라인 또는 온라인 점포만 단독으로 운영했다면 이제는 다양한 채널을 융합하여 유기적으로 운영하는 '옴니채널'로 발전했다. 소비자가 온라인, 오프라인, 모바일 등 다양한 경로를 넘나들며 상품을 확인하고 구매하도록 한 서비스가 이제는 선택이 아니라 필수조건인 것이다. '옴니채널' 소비 행태는 국내 소비자의 특징으로, 온라인으로 상품을 검색 후 오프라인 매장에서 구매하거나, 오프라인 매장에서 상품을 살펴 보고 온라인으로 구매(쇼루밍)하는 비율이 증가하고 있다. 또한 한국 소비자의 절반 이상이 리테이너 또는 온라인 구매 여부를 결정하는 요건으로 온라인 구매 후 매장 수령 가능여부가 매우 중요하게 생각한다고 답했다.

다음과 같은 활동을 하는 응답자의 비율(정기적 또는 간헐적으로)	Z 세대 & 밀레니얼 세대	X 세대	베이비붐 세대 및 침묵의 세대
온라인으로 상품을 둘러보고 리테일 매장에서 구매	74%	68%	59%
리테일 매장에서 상품을 본 후 온라인으로 구매	78%	77%	57%
온라인으로 상품을 구매하고 리테일 매장에서 픽업	60%	44%	31%
앱으로 구매	91%	89%	84%

그림 17 옴니채널의 소비 행태
자료 : 쇼퍼 스토리 2022, criteo, 2022

2) 유통채널별 특징과 현황

의류는 백화점, 마트, 온라인 쇼핑몰 할 것 없이 유통업계에서 큰 비중을 차지하는 중요 카테고리이다. 하지만 같은 브랜드의 동일 모델이라도 구매처에 따라 가격은 달라진다. 백화점에서 30만 원대에 구매한 제품을 아웃렛에서는 20만 원대, 온라인몰 브랜드관에서는 10만 원대에, 등산로 입구 로드샵에서는 10만원 균일가에 살 수도 있다. 이 같은 상황이 발생하는 것은 의류의 경우 재고비중이 높은 독특한 유통구조를 갖고 있기 때문이다.

브랜드 의류 유통구조는 크게 1차 시장과 2차 시장으로 나뉜다. 1차 시장은 제조업체에서 당해 시즌용으로 생산한 신상품이 바로 진열·판매되는 시장으로 대리점, 백화점, 대형마트가 포진해있다. 정상가로 약 30%의 물량을 소화하며 할인판매(30~40%)를 포함해 내수 출하량의 약 60~70%가 판매된다. 2차 시장은 이른바 재고 시장을 말한다. 1차 시장에서 판매되고 남은 물량은 다음 시즌 이후에 아웃렛, 홈쇼핑, 인터넷쇼핑몰 등을 통해 판매한다. 출시 1년 미만의 상품을 보통 30~50% 할인된 가격으로 판매해 내수 출하량의 약 15%를 소진하는 것으로 추정되고 있다. 2차 시장에서도 팔리지 않은 재고는 제 3국 수출, 덤핑 판매, 사회복지단체 기부, 소각 등의 방법으로 처리된다.

유통단계	경로	할인율	누적판매율(추가판매율)
1차 시장	백화점	정상가격 판매	30%
	대리점	20~30%	60~70%(30~0%)
	대형마트		
2차 시장 (재고시장)	아웃렛	1단계:30~50%	75~85%(15%)
	홈쇼핑	2단계:50~80%	85~95%(10%)
	인터넷쇼핑	3단계:80~90%	90~98%(3~5%)
기타처리	사회복지단체 기부		100%(2~10%)
	제3국 수출		
	땡처리		
	소각		

표 5 브랜드 의류 유통 단계와 경로

각각의 유통채널별로 다른 특징을 가지고 있기 때문에 기업 입장에서는 유통전략 변화가 수익을 꾀할 수 있는 수익창출전략 방안이 될 수 있다. 본 장에서는 어떠한 유통채널이 형성되어 있고 각각의 특징은 무엇인지 살펴볼 것이다.

가) 백화점

백화점은 대표적인 패션 유통채널로 오랜 시간 동안 각광받아 왔으나, 최근 소비자 구매 행태 변화와 다양한 대체 채널로 인해 점차 입지가 약화되고 있다. 특히, 소위 빅 3라고 하는 롯데, 신세계, 현대 등의 프렌차이즈 백화점의 경우, 동일한 브랜드, 동일한 할인폭 등으로 백화점 간의 차별화 문제가 대두되면서, 백화점을 떠나는 의류 브랜드가 증가하고 있다. 이에 따라 자체 채널에서만 판매하는 이른바 '온리(Only)'상품 기획 혹은 자체 PB 생산, 자체 편집샵 운영 등의 다양한 전략을 사용해왔으나, 결과적으로 큰 효과를 거두지 못했다.

2017년 기준 패션업체의 주 유통채널인 백화점 3사(롯데, 현대, 신세계)의 합산 매출액은 전년 동월 대비 1.3% 역신장하며 2분기에 이어 감소세가 이어지며 , 백화점 매출 자체가 부진한 상태에서 높은 판매 수수료(대형사 평균 35%)는 패션기업에게 임차료 등 고정비에서 가장 큰 부담요인이다. 일본 백화점에서 유래하여 정착된 '특정 매입' 즉, '위탁 판매(Consignment)형태는 정상 판매 수수료 30~40%, 행사판매 수수료 20~30%는 입점 브랜드의 부담이며, 이는 브랜드 원가에 반영되어 전체적인 소비자가 상승 및 판매 부진의 악순환으로 정착되어 왔다.

백화점 입점은 정기적인 MD개편 시기에 기존 행사경험 브랜드를 신규 브랜드 대상으로 입점을 고려하는 방식이므로, 공식적인 행사 외에 다양한 형태로 백화점 매입 담당자와 관계를 설정하고 지속적인 소통을 유지하는 것이 중요하다.

최근 백화점 그룹은 홈쇼핑 및 온라인·모바일 채널을 통한 패션제품 판매 비중이 상당히 높아지는 추세이므로, 리뉴얼을 통해 패션 부문 비중을 줄이고 F&B 중심으로 구성하여 기존 고객의 이탈을 방지하는 전략을 선택해 점차 패션 브랜드의 입지는 좁아진 상황이다.

거기다 백화점의 높은 수수료는 의류업체들이 큰 부담을 가질 수밖에 없다. 2018년 중소기업중앙회가 백화점과 대형마트에 납품하는 중소기업 500개사를 대상으로 설문 조사를 한 결과, 국내 백화점업체들은 납품업체를 상대로 매출액의 29.4% 정도의 판매 수수료를 챙기고 있는 것으로 조사됐다.[7] 업계 전문가들은 백화점들이 의류업체에 높은 수수료를 책정하는 원인에 대해 입점 당시 경쟁률이 높았다는 점을 꼽았는데, 이러한 경쟁률은 백화점으로 하여금 높은 수수료 책정의 빌미가 된 것이다. 그 동안 백화점에 입점한 의류 업체들은 울며 겨자 먹기 식으로 높은 수수료를 내야만 했다.

따라서 몇몇 중저가 의류 업체들은 백화점 소비가 둔화되는 점과 수익 대비 수수료 부담으로 인해 백화점을 떠나고 있는 것으로 나타났다. 수수료를 감당할 수 있는 고가 브랜드와 달리 중저가 브랜드들은 SPA와의 경쟁, 온라인 유통망 등을 이유로 백화점 안에서 높은 수익을 내기 힘든 것이다.

하지만, 전통적으로 패션 부문이 중요했던 백화점 유통 채널의 특성상, 백화점은 전체적인 숫자가 감소한다 하더라도 고급 지향의 패션 소비자 DB를 확보하고 있고, F&B를 통해 유입되는 고정 고객들은 여전히 패션 브랜드에 대해 관심을 가지는 등 브랜드에게는 여전히 필수적인 유통채널이라고 할 수 있다.

---

7) 중소기업"백화점 판매 수수료는 42%, 대형마트마진율은62%, 한국일보, 2018.3.29.

2019년 이후 코로나19로 위축되었던 소비심리가 다시 열렸다. 2022년 4월 거리두기 해제 이후 '보복소비' 열풍으로 인해 억눌렸던 의류 수요가 회복되면서 백화점의 호실적을 이끌어냈다. 특히 차세대 소비 주역으로 대두된 MZ세대의 씀씀이가 커지면서 MZ세대 공략의 효과를 보이고 있다. 명품 전체 매출에서 20, 30대 고객을 대상으로 한 매출이 48.7%로 절반에 가깝다. 신세계백화점에서도 20, 30대 고객 매출이 각각 83.5%, 44.9%, 증가했다.[8]

앞으로도 백화점들은 명품과 MZ세대 공략에 중점을 두고 매출 상승세를 이어가려는 전략이다. 다만, 지금의 고성장세가 전세계 인플레이션으로 인한 고물가 지속과 코로나19 재확산으로 다시 위축될 수 있다는 전망이다. 고물가, 고금리 시대에 백화점만의 차별적인 고객 맞춤형 서비스를 확대해나가야 한다.

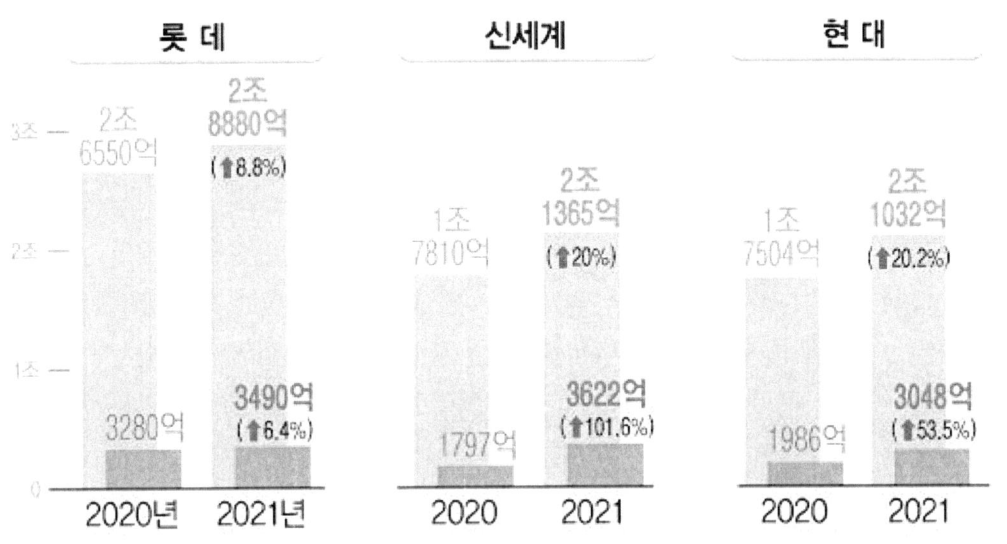

그림 18 국내 주요 백화점 3사 실적
자료 : [그래픽] 주요 백화점 3사 실적...'명품 오픈런'으로 매출 상승, 뉴시스, 2022

8) 3대 백화점 실적 질주 비결은... 명품 소비 늘고 MZ세대 유입, 비즈N, 2022

나) 가두점(직영 대리점 및 편집 매장)

가두점은 물리적인 개념으로는 시내 중심가 혹은 패션 전문가에 있는 매장이라고 말할 수 있고, 패션 유통 채널적인 개념에서는 본사 운영의 직영점과 위탁 대리점으로 구분한다.

또한 기존 단독 브랜드의 단독 매장의 형태에서 패션기업의 자사 브랜드로 구성한 종합 매장(세정 '웰메이드' 등)에서 자사 브랜드 및 타사 브랜드까지 구성하는 편집숍의 형태로 발전되어 가는 추세이다.

국내에서는 의류제품 수출 중심 구조에서 파생된 다양한 보세 제품을 판매하던 가두점이 편집숍의 시초라고 볼 수 있고, 이후 명동에서 매장을 브랜딩한 빌리지(Village) 등이 패션 편집숍의 본격적인 시작이라고 할 수 있다.

일본은 이와 같은 편집숍 형태가 우리와 비슷한 개념으로 훨씬 더 일찍 시작되어 유나이티드 애로우즈(United Arrows), 빔즈(Beams), 쉽스(Ship's) 등 감각적이고 전형적인 편집숍이 태생하여 다양한 감성을 요구하는 소비자의 요구를 채워주며 발전했다.

국내에서도 2010년을 기점으로 에어랜드, 어라운드 코너 등 다양한 형태의 편집숍 브랜드가 경쟁하듯 생겨나고 있으며, 최근에는 중견패션 기업들이 업계의 주력 판매채널로 꼽히는 백화점보다 '주거 밀착형 매장'을 표방하는 가두점의 비중을 키우며 브랜드의 성장 동력을 꾀하고 있다. 세정그룹을 보면 전국에 320개 매장을 운영 중인 여성복 브랜드 '올리비아 로렌'의 가두점 비율은 97%에 달한다. 라이프스타일 전문점 브랜드 '웰메이드' 역시 전국 350여개 매장 중 백화점 입점 매장은 15%에 그친 반면, 나머지 85%는 가두점으로 나타났다. 패션그룹 '크로커다일레이디' 역시 전체 440여개 매장 중 가두점 비율은 84%에 달한다.

이 같은 출점형태는 30~50대 중·장년층 여성을 메인 타깃으로 선보이는 여성복 브랜드와 남성복 브랜드를 중심으로 이뤄지고 있다. 가두점은 주로 재래시장이나 대로변 등 메인타깃인 40~50대 여성들이 몰리는 입지를 중심으로 출점돼 고객들이 물건을 구매하지 않더라도 쉬었다 갈 수 있는 휴식처의 역할을 할 수 있도록 다양한 편의시설과 음료·다과 등을 제공하고 있다.

또한 1~2년 단위로 점주나 직원이 바뀌는 타 업종과 달리 1명의 점주가 최소 10년에서 길게는 30년 가까이 매장을 운영한 경우가 대부분이어서 고객 개개인의 인적사항이나 근황까지 파악하고 있을 정도로 친밀한 관계를 유지해 고객과 지속적 커뮤니케이션이 가능하다. 이는 매장을 이용하는 고객들의 '사랑방'역할을 통해 소비자들이 원하는 트렌드나 제품에 대한 소비자들의 피드백을 빠르게 확인할 수 있다는 장점이 있다.

이 같은 장점에 따라 SPA 브랜드의 대표 격으로 불리는 '유니클로'도 2012년부터 대형 쇼핑시설이 부족한 지방과 도심과 교외의 거주지를 연결하는 지역을 중심으로 가두점인 '로드사이드 매장'의 규모를 점차 키우고 있다. 2016년 기준 전국에 173개 유니클로 매장 중 24%에 달하는 42개 매장이 로드사이드 형태의 매장으로 운영 중이다.

　　　　다) 쇼핑몰(다수 유통망 연결 및 대형 매장)

백화점의 쇠락과 고객들의 라이프스타일 변화에 맞춰 새로운 쇼핑 공간에 대한 수요가 증가되면서 온 가족이 모여 쇼핑, 외식, 엔터테인먼트를 한 번에 즐길 수 있는 대형 쇼핑몰이 등장하기 시작했다.

영등포 타임 스퀘어는 기존 백화점 형식의 구성이 아닌 광장과 아케이드, 대형매장, 경계 없는 MD구성 등을 통해 국내에서의 쇼핑몰 성공의 가능성을 제시했다. 이후 여의도 IFC몰, COEX몰 등의 선진국형 쇼핑몰 형태가 등장하면서 소비자 및 유통업자 모두 쇼핑몰에 대한 거부 반응 없이 기존 백화점, 대형소매점을 합친 '몰(Mall)'형태 개발에 관심을 가지게 되었다. 빅 3 백화점 유통채널들 역시 기존 백화점의 비효율적을 개선하고자 다양한 쇼핑몰 형태의 구성을 시도하였고 2016년 9월 신세계가 스타필드 하남을 오픈하면서 본격적인 쇼핑몰 시대를 열게 되었다.

그림 19 신세계 스타필드 하남
자료 : 스타필드 하남 홈페이지

라) 아웃렛(시내 및 시외 쇼핑몰)

초기 백화점 중심 유통 브랜드의 경우, 아웃렛을 통한 판매로 브랜드 이미지 하락을 방지하기 위해 재고 상품을 제한된 고객들에게만 염가로 판매하는 패밀리 세일이나, 직영 공장 내 매장을 열어 말 그대로의 아웃렛(Outlet)제품을 판매하는 팩토리 스토어 형태의 소극적 행태를 보여왔다. 기존 백화점 중심의 1차 판매 제품이 2차 제품으로 이월되면 목동, 문정동, 건대입구 등 부심 가두점 중심으로 아웃렛타운이 형성되어 제한된 지역에서 판매한 것이다.

이처럼 아웃렛은 1990년대 길거리 상설 할인타운을 시작으로 2001년 마리오 아울렛 등 백화점식 아웃렛이 등장했지만 당시에는 유통의 주요 산업으로 각광받지 못했다. 그러나 해외여행이 증가하고 글로벌 인터넷 쇼핑에 대한 경험을 가진 소비자의 등장으로 명품브랜드 및 기존 내셔널 브랜드 중심의 상설할인 매장이 교외 지역을 중심으로 형성되기 시작했다.

본격적인 아웃렛 타운의 발전은 프리미엄아웃렛이 등장하면서부터이다. 2007년 6월, 신세계 여주 프리미엄아웃렛이 신설되었고 2007년 롯데백화점, 2014년 현대백화점이 아웃렛에 뛰어들어 시장이 급격하게 성장하였다. 저렴한 임대료로 인해 창고를 포함한 넓은 공간을 가진 교외 형 혹은 국도 및 고속도로 휴게소에 입점하는 형태의 아웃렛은 이후 선진국과 같이 서울역 등으로 진출하는 등 시내형 아웃렛으로 다양한 양상을 띠게 된 것이다.

최근에는 높은 수수료에 의해 수익이 악화되어 가는 백화점 채널의 대안적인 유통형태로 아웃렛 매장이 각광을 받으면서 기존 1차 유통과는 별도의 아웃렛 전용 제품을 기획하기도 한다.

문제는 많은 기업들이 아웃렛을 신설하다 보니 경쟁이 심화되어 현재 수도권에만 대형 프리미엄아웃렛이 7개가 있다. 아웃렛 점포당 인구수는 5만 명으로 미국(158만 명), 일본(185만 명)보다 현저히 낮은 수준이다. 아웃렛은 결국 백화점 재고를 파는 곳이기 때문에 백화점 3개당 1개가 적당한데 백화점 출점이 적고, 아웃렛의 주력 판매 품목인 의류 소비가 부진해 아웃렛 성장에 한계가 있는 것이다.

이에 유통업체들은 아웃렛을 문화, 레저 공간으로 변모시켜 이미지를 탈바꿈하는데 초점을 맞추고 있다. 미국형 아웃렛의 원조 신세계는 회전목마, 어린이용 기차 놀이시설 등을 설치해 어린이 마케팅에 공들이고 있다. 현대백화점은 아웃렛에 인공냇가를 만들고 공연이 가능한 가든 테라스를 조성해 가족 놀이공간을 늘리고 있다. 이는 가격 할인 중심의 해외형 아웃렛에서 문화 중심의 한국형 아웃렛으로 차별화하려는 것이다.

　　　　마) 홈쇼핑

TV쇼핑은 TV 영상 매체를 이용하여 상품정보를 시청자에게 제공하고 이를 통해 상품을 판매하는 첨단 유통 산업으로 상품의 특성과 용도에 대한 시청자들에게 자세한 설명을 할 수 있으며, 전화, 인터넷, 모바일로 주문을 받아 상품을 고객이 희망하는 장소까지 배송해준다.

최초 홈쇼핑은 저가 중심 상품 구성으로 패션 제품도 끼워 팔기 형식의 기본 제품 구성으로 패션유통 채널로서의 한계가 있었다. 초기 시장 역시 비대면 거래가 주는 불안요소가 있었지만 국내 디지털 케이블TV의 보급이 확대됨에 따라 고화질의 쇼핑 방송을 통해 생생한 쇼핑 경험을 제공하게 됨으로써 위기가 기회 요인으로 작용했다. 이와 더불어 홈쇼핑 채널의 다양화 및 인기 쇼핑 호스트의 등장으로 홈쇼핑 시장이 급성장하면서, 차별화에 대한 욕구가 나타났으며, 각 홈쇼핑 업체에서는 이를 위해 패션 브랜드 발굴 및 상품 개발에 적극적으로 나서고 있다.

특히 토요일 오전에 3~4시간으로 집중 확대 편성된 패션타임에서는 글로벌 브랜드 소싱 및 국내외 디자이너 브랜드와의 콜라보레이션 제품 개발 등 다양한 시도를 통해 홈쇼핑 패션 제품의 구성을 한 단계 업그레이드 시켰다는 평가를 받고 있다. 더 나아가 국내 시장에서의 영업 노하우와 경험을 바탕으로 적극적인 해외 시장 개척을 통해 외형 확대와 수익다각화를 통해 유통채널로서 홈쇼핑의 위상이 급부상하고 있는 중이다.

반면에 최근 모바일 미디어의 급속한 성장으로 홈쇼핑 시청률이 하락하고 있는 점, 변심에 의한 반품율이 증가하고 있는 점, 가격 경쟁 및 사은품 추가 부담에 대한 문제로 인한 디자이너 및 브랜드의 심리적 압박 문제는 계속해서 홈쇼핑 유통 채널이 극복해야 할 문제점으로 지적되고 있다.

계속해서 홈쇼핑 사업을 영위하기 위해서는 이러한 다양한 시도 이외에도 전략적인 상품 소싱, 체계적인 물류시스템, 효율적인 고객 데이터 관리와 다양한 서비스 제공이 필수적일 것으로 예상된다.

최근 수출 증가 등으로 인한 소비심리의 개선 움직임은 있으나, TV쇼핑 산업은 경쟁 심화 및 시청률 하락 등으로 T커머스 쇼핑을 제외하고는 성장이 크지 않은 상황이다. 현재 TV쇼핑 회사들은 신상품 개발을 강화하고 라이센스 브랜드 육성 및 독점상품 확대 등을 통해 상품 경쟁력의 우위를 확보하고 있으며, 시청률 제고를 위한 멀티아이템 및 브랜드 프로그램의 활성화 등으로 새로운 방송 포맷을 정착시켰다. 또한 채널간 시너지를 지속 강화화고 있으며, 배송만족도와 상품 품질을 높임으로써 고객서비스를 제고하는 동시에, 지속적인 성장을 위한 조직문화 및 조직역량 강화에 노력하고 있다.

        바) 온라인 : 종합몰, 전문몰, 자사몰

온라인은 크게 다양한 상품을 취급하는 종합몰, 패션 제품을 중심적으로 취급하는 패션 전문몰, 브랜드나 패션 유통회사가 직접 운영하는 자사몰로 구분할 수 있다.

종합몰은 대기업 유통 채널을 중심으로 식품, 전자제품 등 다양한 카테고리를 취급하는데, 패션 제품을 한 카테고리로 판매하는 온라인 채널로는 G마켓, 11번가가 대표적이다. 대량의 고객 DB를 보유하고 있고 높은 마케팅 비용을 기반으로 한 다양한 이벤트로 인해 고객의 유입과 상품 노출이 높다. 특히 빅 3 백화점 기존 홈쇼핑 채널에서의 성공을 바탕으로 이를 온라인과 모바일로 연동한 옴니채널 전략을 통해, 고객과의 접점을 확대해가고 있다.

패션 전문몰은 패션제품을 주로 취급하는 온라인 쇼핑몰로 하프클럽이 대표적으로, 최초에는 온라인 아웃렛의 개념으로 할인된 상품을 취급하면서 백화점 유통을 보완하는 개념으로 자리 잡았다.

브랜드 자사몰은 기본적으로 종합몰과 전문몰에 유입된 고객 DB를 확보하지 못하면, 지속적인 타겟팅을 통한 마케팅이 어려우므로 자사몰을 통한 유입을 증가시키기 위해서 시작된 채널이다. 국내 패션 유통 특성상 유통기업이 가격 결정권을 가지고 있고, 가격 할인 요인에 의해 쉽게 움직이는 소비자 특성상 확실한 차별화 포인트를 가지지 못하면, 고객 유입 및 구매 전환율이 저조할 수 있다.

이를 보완하기 위해 대기업을 중심으로 SSG몰, LF몰, 인터뷰샵 등은 자사 모든 브랜드는 물론 디자이너 브랜드 등을 추가로 편집해 마케팅을 통해 유입시킨 고객들의 체류시간 연장 및 이탈 방지를 적극 추진하고 있다.

온라인 기반의 의류전문 쇼핑몰들의 성장 추세가 두드러지고 있는데 대표적인 사례로 '스타일난다'를 운영하는 ㈜난다의 경우 오프라인 매장을 출점하여 백화점 입점에 성공했다. 이어 화장품 브랜드도 론칭하였으며, 중국시장까지 진출해 가시적 성과를 내고 있다.

또한, '난닝구 닷컴'을 운영하고 있는 ㈜엔라인은 높은 성장세와 수익성을 기록하며 Pre-IPO 및 IPO(기업공채)절차를 진행 중이다. '무신사'를 운영하는 ㈜그랩은 남성용 온라인 의류쇼핑몰의 시초로 다양한 브랜드의 남성의류 및 액세서리를 선별하여 트렌드를 제공하면서 성장하고 있다. 2017년에는 자체 브랜드 '무신사 스탠다드'를 추가로 론칭하는 등 계속해서 사업 확장을 하고 있다.

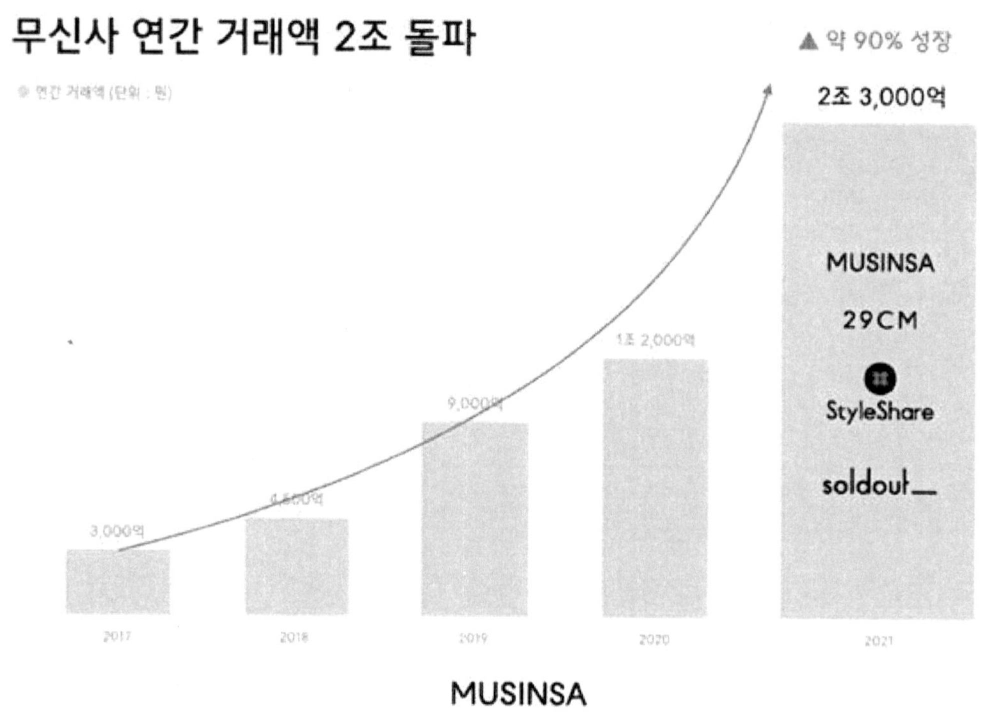

그림 20 무신사 연간 거래액 추이
자료 : 무신사, 2022

이처럼 온라인을 기반으로 성장한 의류쇼핑몰들의 오프라인 진출이 수년간 지속되고 있다. 롯데백화점에는 2013년 '스타일난다'매장 오픈을 시작으로 현재 20여개의 온라인 쇼핑몰 브랜드의 100여개의 매장이 입점해 있다. 또한, 온라인 쇼핑몰 전통의 강자 스타일난다는 홍대, 명동, 가로수길에 플래그십 스토어를 운영하고 있다.

사) 모바일 : 어플리케이션, 소셜미디어, 큐레이션 몰

2016년을 기점으로 전세계를 비롯해 국내에서도 모바일 커머스의 성장이 온라인 커머스의 성장을 앞지르는 것을 보더라도 모바일 커머스는 가장 중요한 패션 유통 채널로 전망된다.

모바일 커머스는 최초 어플리케이션을 마켓에서 다운로드 받아 설치하는 형태에서 온

라인과 모바일 모두에서 동일한 형태로 보이는 반응형 웹이 발달하면서, 모바일 웹 형태의 쇼핑몰로 발전되어 가는 양상이다.

특히 모바일로 인터넷을 접속하는 양이 급증하면서 모바일 커머스의 중요성은 더욱 높아지며, 역시 소셜미디어를 통한 자유로운 연동이 커머스 유입 및 구매 전환으로 이어질 가능성이 매우 높다.
다만, 현재 국내 간편 결재 시장은 핀테크 산업이 시작 단계에 있으므로 아직 중국 등 핀테크 선진국에 비해 모바일 커머스에서 성공 사례는 아직 나오고 있지 않은 상황이다. 향후, 고객의 패션 선호 및 취향 정보를 바탕으로 기계학습을 통한 패션 코디 추전 서비스 이른바 '큐레이션(Curation)'서비스를 장착한 모바일 커머스 등장은 더욱 고객관계 지향적인 서비스를 바탕으로 한 모바일 커머스의 발달로 이어질 것으로 예상된다.

3) 국내외 패션 유통산업 동향

가) 국내

(1) 국내 의류 유통구조 변화

최근 국내 유통산업은 급격한 변화를 겪고 있다. 할인점 및 백화점 등의 대형 점포 수가 늘어나면서 재래시장 및 제조업체의 소규모 대리점은 크게 축소되고 있는 반면 대형 아울렛 형태의 쇼핑몰, 인터넷 쇼핑몰 등의 신유통업태가 성장세를 보이고 있다.

현재 국내 의류산업에서 의류 제품의 판매 가격 중 유통 관련비용은 전체 매출액 대비 30~40%로 가장 큰 비중을 차지하고 있어 이와 같은 유통구조 및 유통채널의 변화는 의류 업체들의 수익성과 직결된다.

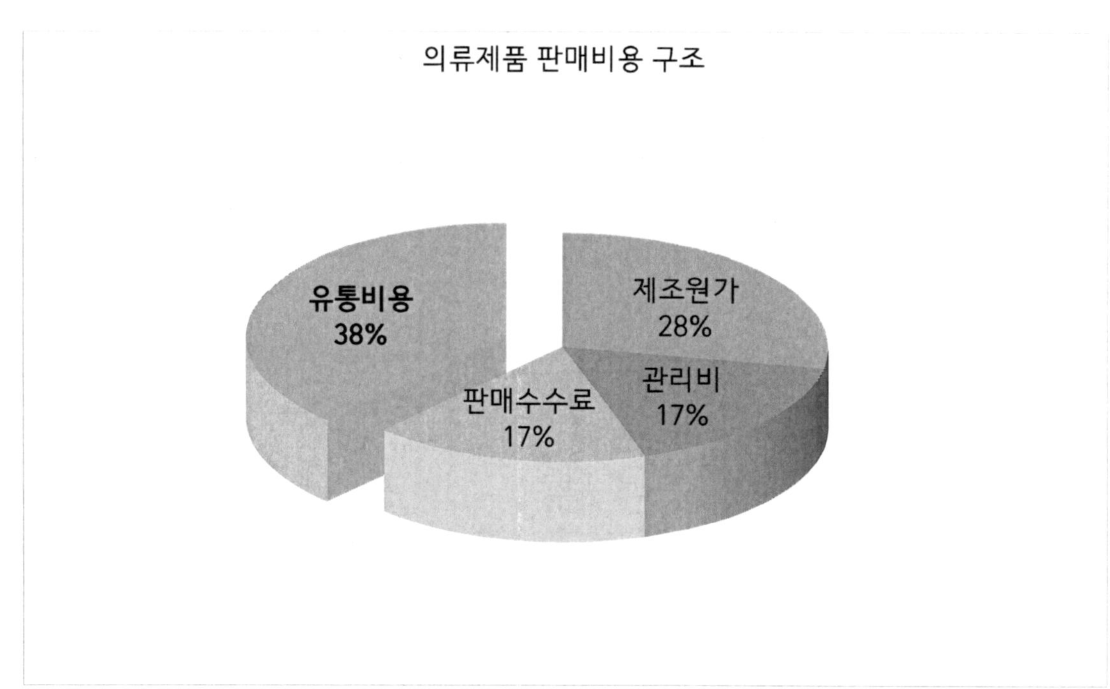

그림 21 의류 제품 판매 비용 구조

의류제품은 1900년대에 등장한 주문복점에서 기성복점을 거쳐 현재는 백화점, 할인점, 아웃렛, 인터넷쇼핑몰, TV홈쇼핑 등 다양한 유통채널을 통해 판매되고 있으며 유통채널의 변화는 유통구조의 형성과정과 그 맥락을 함께 하고 있다.

의류 유통구조는 시대별 요구에 따라 다양한 모습으로 변해왔고 현재 국내 의류 유통구조의 특징을 살펴보기 위해서는 먼저 시대별 유통구조 흐름을 살펴보는 것이 중요하다. 따라서 우선적으로 국내 의류제품의 유통구조 형성과정을 살펴보고 최근 의류 유통구조의 특징을 정리하고자 한다.

(가) 1900년대 초 : 최초의 서양의복 유통채널인 주문복점

1900년대 초 우리나라에서 서양의복은 주문복점이라는 유통채널을 통해 처음으로 유통되었다. 주문복점은 가내수공업 형태로 유통되었는데 신사는 양복점, 숙녀는 양장점이 바로 우리가 알고 있는 최초의 의류 유통채널이다. 처음 도입된 시기를 정확하게 알 수는 없지만 미쯔코시 경성지점(1930년 개점)3층에 양복, 양장 코너가 있었다는 기록(신세계 백화점, 1987년)을 미루어 보아 꽤 오랜 역사를 가지고 있는 것으로 추정된다.

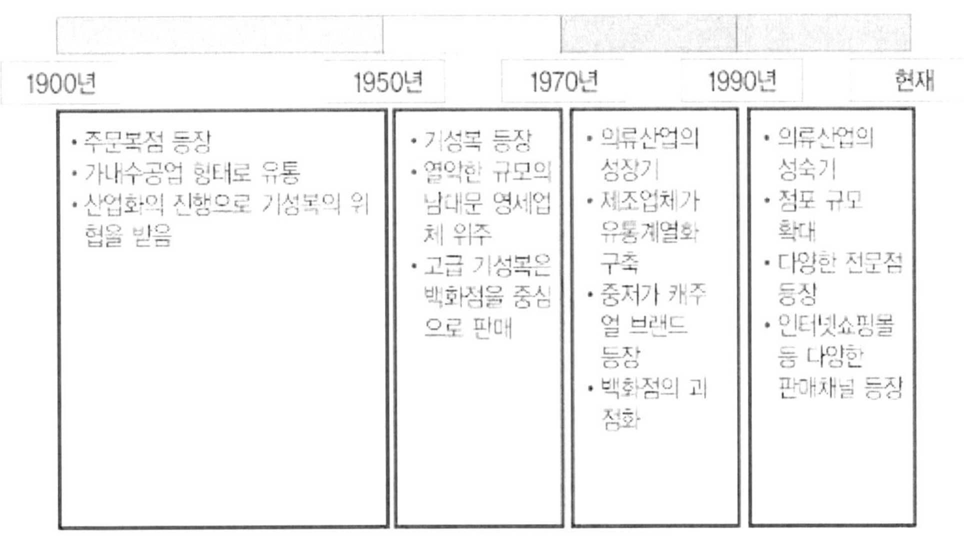

그림 22 의류 유통구조의 시대별 변화
자료 : 한국섬유산업연합회

국내에서 최초의 의류 유통채널이었던 주문복점은 산업화가 진행되면서 기성복의 도전을 받게 되는데 시대적 흐름에 발 빠르게 대응했던 몇몇 주문복점은 이미 주문복점 내에 일부 공간을 활용해 기성복점을 함께 운영하기도 하였다.

이 시기에 양복점·양장점은 상류층을 위한 주문복과 서민층을 위한 기성복을 함께 취급하였지만 상류층을 대상으로 유명해진 양장점은 지속적으로 성장한 반면, 그렇지 못한 주문복점들은 기성복점에 밀리게 되었다.

(나) 1950~60년대 : 산업화의 진행과 함께 기성복점이 주문복점을 대체

6.25 전쟁 후 서울 남대문 시장을 중심으로 소규모 기성복점이 생겨났으며 이것이 국내 기성복의 출발이다. 초기 기성복점은 몇 명의 양복공들이 재봉틀 몇 대를 가지고 코트나 바지를 주로 생산하였으며 그 규모와 품질은 매우 낮은 수준이었다. 기성복의 수요는 주로 의생활이 서구화되면서 맞춤복을 입을 여유가 없는 저소득층이 중심이 되었으며 저소득층을 대상으로 한 초기 기성복 업체는 기술 부족과 저급 원단 사용 등으로 주문복에 비해 품질이 크게 떨어졌었다.

이후 대량생산체계를 갖춘 기업형 기성복 업체를 중심으로 기성복 시장이 성장하게 되었고 상대적으로 열악한 규모의 남대문 시장 등의 소규모 영세업체는 전문화된 소수의 품목을 대량 생산함으로써 생존하게 된다.

1960대 후반 유명 디자이너 양장점들이 주문복과 기성복을 겸업하기 시작하면서 시장 기성복에 이어 고급 여성 기성복이 발달하기 시작한다. 고급 여성 기성복은 도입 초기 여성 기성복 시장의 협소함으로 인해 대량생산을 통한 원가절감이 불가능해 중산층을 대상으로 하였고 이러한 구조는 현재까지 고착화되었다.

한편 우리나라가 산업화되고 경제도 본격적으로 성장하자 과거 1930년에 국내에서 최초로 등장한 일본 미쯔코시 백화점 경성지점 이후 다시 근대적인 백화점이 등장하였다. 1969년 신세계백화점이 직영체제로 전환되면서 대도시의 상류층을 목표로 영업을 하기 시작하였고 고급 기성복들이 백화점을 중심으로 판매되기 시작하였다.

(다) 1970~80년대 : 의류산업의 성장기로 대량판매경로 확보

1970년대 중반부터 대기업이 여성복, 유아복, 스포츠의류 등에 본격적으로 진출하면서 의류산업은 성장기를 맞이하게 된다. 의류산업이 성장기에 접어들면서 의류업체는 대량생산을 통한 규모의 이익을 인식하고 대량생산체제를 구축, 유통구조를 계열화시켜 대량판매경로를 확보하게 된다. 당시 유명브랜드의 의류제품은 아래 그림과 같은 유통경로를 통해 판매되었으며 이 중 첫 번째와 두 번째 유통경로가 주로 이용되었다.

유통경로①	제조업체 → 직영점 → 소비자 •직영점은 제조업자가 중간상을 배제하고 소비자에게 직접 판매하는 형태 •유명 제조업체의 상설할인매장이 여기에 속함.
유통경로②	제조업체 → 대리점, 특약점 → 소비자 •직영점은 제조업자가 중간상을 배제하고 소비자에게 직접 판매하는 형태 •유명 제조업체의 상설할인매장이 여기에 속함.
유통경로③	제조업체 → 도매업자 → 소매업자 → 소비자 •직영점은 제조업자가 중간상을 배제하고 소비자에게 직접 판매하는 형태 •유명 제조업체의 상설할인매장이 여기에 속함.

그림 23 성장기의 국내 의류제품 유통경로

이와 같이 제조업체가 유통계열화를 구축하는 주된 이유는 대량생산되는 제품을 대량 판매하기 위한 것이었다. 제조업체의 유통계열화 방식은 업체 규모에 따라 달라졌는데 소수의 중상류층을 대상으로 하는 디자이너 브랜드는 직영매장 의존도가 높았고 고객을 대상으로 하는 기성복 브랜드는 대리점 의존도가 높았다.

한편, 이 시기의 의류 유통 특징은 3가지로 요약할 수 있다. 첫째, 시장 의류제품소매 기관 규모가 영세하였고 유통경로를 복잡하게 하는 결과를 초래하였다. 또한, 복잡한 유통경로로 인해 추가된 유통비용은 소비자 가격에 고스란히 반영되었다.

둘째, 이랜드와 같은 중저가 캐주얼 업체가 등장한 시기가 바로 이때이다. 중저가 의류업체는 업계 최초로 물량위주의 판매방식, 박리다매 전략을 취하면서 소규모 대리점을 통해 전국적으로 판매함으로써 가격 대비 질이 좋은 상품을 공급할 수 있었다.

셋째, 1979년까지 9개에 불과하던 백화점이 1980년대 후반까지 총 52개점을 신규 출점하면서 성장기를 맞게 된다. 그러나 1990년대 후반 서울지역을 중심으로 소수의 대형 백화점이 수도권, 지방 상권으로 진출하면서 중소백화점이 도산, 합병하게 되고 현재는 롯데, 현대, 신세계의 메이저 3社가 시장을 주도하면서 소수의 중견업체들이 근근이 영업을 영위하고 있는 실정이다.

(라) 1990년대 : 성숙기에 접어들면서 소매유통채널 다양화

국내 의류산업은 1990년대 들어서면서 성숙기에 진입하였고 점포 규모가 확대되었다. 이 시기에 다양한 형태의 전문점이 등장하였는데 기존의 대리점보다 넓은 면적의 매장에 다양한 브랜드의 의류제품을 취급하는 것이 특징 중 하나였다.

이러한 판매형태는 나산, 대현, 신원 등 중견 의류업체에서 명동을 중심으로 다양한 브랜드의 상품을 취급했던 전문점이 많았는데, 대형 백화점과 차별화를 부각시키지 못해 경쟁력이 없는 점포로 전락하였다.

이후 1990년대 후반기에 가장 주목받은 판매채널이 제조형 전문점(SPA: Speciality store retailer of Private label Apparel)이다. 이러한 SPA의 가장 큰 특징은 판매점포를 중심으로 그곳에서 팔릴 수 있는 상품을 기획한다는 점에서 기존 의류업체가 먼저 제조 후 자사 판매망을 통해 영업활동을 하던 형식과는 큰 차이가 있다. SPA등장 외에도 성숙기 의류 판매채널의 특징은 인터넷 쇼핑몰, TV홈쇼핑, 할인점, 아웃렛 등 새로운 판매채널이 등장했다는 것이다.

이들 신업태는 초기 판매비중이 그리 높지 않았던 의류 상품의 비중이 점차 높아지고 있는 추세를 반영한 것으로, 대리점이 위축되고 백화점이 고급화·과점화 되면서 기존 점포의 쇠퇴가 두드러지게 되었다.

(마) 2000년대 : 신규 채널의 성장, 전통 의류 판매 채널의 지속적 축소

그 동안 의류업체는 제조에 중점을 두고 대량생산체제 구축을 통한 '규모의 이익'을 추구해왔다. 하지만, 의류산업을 둘러싼 제반 환경 변화로 인해 의류 유통에도 많은 변화가 발생하게 되었고 이 중 가장 큰 변화로 판매채널을 중심으로 한 의류 제조를 들 수 있다.

의류기업의 핵심기능이 변화하고 있으며, 최근 의류 유통 구조의 주요 특징을 요약하자면 다음과 같다. 첫째는 의류 제품의 생산이 과거에는 제조기업 중심에서 판매중심으로 기획, 제작된다는 점이다. 둘째는 교통수단의 발전과 인구증가에 힘입어 대도시를 중심으로 대규모 소매점을 통한 판매 비중이 증가하게 된다는 점이다.

소규모 점포의 쇠퇴와 대규모 점포의 활성화 측면에서 보면, 과거 국내 의류 상품 유통은 영세 상인을 중심으로 이루어졌지만 자본력을 갖춘 대기업이 의류산업에 뛰어들면서 의류 유통시장의 통합 단계가 진행되게 된다. 이후 규모의 경제를 추구하는 대규모 점포가 증가하면서 소규모의 영세한 점포는 점차 쇠퇴하게 되고 탄탄한 자본력을 바탕으로 한 대규모 점포는 더욱 활성화되게 된다.

대규모 점포의 활성화는 사회구조 변화와도 관련이 있는데 도시화가 진행되면서 접근성이 발달하고 한 곳에서 다양한 쇼핑이 가능한 '원-스톱'쇼핑으로 소비패턴이 변화하게 되었다. 과거 기성복이 발달하기 전까지는 의류 제조와 유통이 분리되지 않았지만, 그 후 대량생산 체제를 갖춘 기성복이 등장하면서 생산과 판매가 분리되었다. 이후 생산 자체에서도 분업화가 이뤄지면서 의류업체가 직접 생산하는 비율도 점차 줄어들고 하청 생산비중이 증가하게 되었다.

이렇듯 자체 생산 비중이 줄어들면서 상대적으로 의류업체는 생산업체와 유통업체의 중간 역할을 수행하게 되는데, 주로 자금 지원과 전속 대리점에 상품 운송, 판매방법 교육, 판매가 안 된 상품의 반품 처리 등의 도매기능에 집중하게 되었다. 이후 인터넷 쇼핑몰, 홈쇼핑, 할인점 등 신업태에서 자체상품(Private Brand)가 부각되면서 의류업체 소매기능은 더욱 중요해졌다.

의류산업의 성장기에는 생산에서 규모의 경제가 있었고 따라서 의류 제조 기업을 중심으로 한 소매유통의 계열화가 이루어졌지만 최근에는 소매기관이 대형화되면서 대

량판매에 의한 규모의 이익이 추구됨에 따라 소매 기업에 의한 생산 계열화가 이뤄진
다. 바로 SPA가 소매기업 중심의 생산계열화의 대표적인 사례로, 해외 SPA브랜드들
의 국내 진입이 본격적으로 추진되는 시기이다.

(바) 2010년대~현재: 라이프 스타일 기반 디지털 유통 및 옴니채널 시대

소비자의 구매 정보 습득 및 구매 행태의 변화가 커지는데 특히, '밀레니얼 세대'9)와
함께 '합리적 소비자'의 등장이 중요하다. 밀레니엄 세대들은 어릴 적부터 여러 가지
디지털 기기를 다루고 자란 세대로 모바일에서 보이는 독특한 소비행태의 전형을 보
이는 소비자이다. 자신에 대한 투자도 중시하고, 유통업체의 MD전략에 구애받지 않
는 자유로운 쇼핑 특성을 가진다.

이러한 현상은 경영자 입장에서는 리테일러의 머천다이징과 소싱이 폭발적으로 복잡
해짐을 의미하며, 아울러 이들은 권위, 품격, 정의, 공정성에 대한 새로운 시각으로
세상을 바라보기 때문에 브랜드 이미지를 받아들이는 방식도 기존 세대와 다르다. 따
라서 기업들은 마케팅과 영업의 근본적 시각도 이들 새로운 소비자에 맞춰 다른 전략
을 사용하고 있다.

가성비를 중시하는 '합리적 소비자'의 등장 또한 시장의 흐름을 바꾸고 있는데, 이들
은 명품들이 만들어낸 세컨드 브랜드를 선호하는 경향이 강하다. 뿐만 아니라 가격
대비 품질이 우수한 저가제품이나 자가 브랜드(Private Brand, PB)또한 이들의 입맛
을 맞추고 있다. 이러한 합리적 소비자들의 소비 행태로 인해 증가(mainstream)브랜
드는 위로는 명품이나 세컨드 브랜드, 아래로는 자체브랜드로부터 압박을 받으며 갈
수록 위축되고 있다.

그러므로 이제 새롭게 패션 브랜드 사업을 진행하고자 한다면, 백화점, 아웃렛, 가두
점 등 기존 채널에 대한 의존도를 벗어나 직접 소비자를 상대하기 위해 디지털 소비
자의 행태를 이해하고(Learn), 페이스북, 카카오스토리, 인스타그램 등 소셜미디어를
통해 물건을 판매하는(sell) 세 가지 활동 요소가 반드시 요구된다.

---

9) 밀레니얼 세대란 1980년대 초부터 2000년대 초 사이 출생하여 2007년 글로벌 금융위기
   이후 사회생활을 시작한 세대로, 모바일 기기를 이용한 소통에 익숙한 사람들이다. 2010년
   이후 사회의 주역으로 점점 대두하고 있다.

패션부분에서 디지털 유통이 성장세를 보일 것으로 예상되는데, 특히 모바일 플랫폼을 활용한 성장이 온라인을 앞설 것으로 전망된다. 이는 옴니채널을 통한 매출의 절대적인 양이 늘어나고 수익 기여도도 현저히 높기 때문이다. 옴니채널[10]은 매장, PC, 모바일, TV, 카탈로그 등 여러 개의 쇼핑 채널을 소비자 중심의 관점에서 빈틈없이 유기적으로 결합해 일관된 쇼핑경험을 끊임없이 제공해야 하며, 이와 같은 맥락으로 패션에서도 채널의 전화, 즉, 디지털 유통, 옴니 채널 등이 강화되고 있다.

특히, 고급 오프라인 매장을 중요시하던 럭셔리 브랜드라 하더라도, 오프라인만을 사용하는 고객보다 '온라인&오프라인'을 사용하는 고객의 매출·수익 기여도가 3배 이상 높다. 신규 중소 브랜드 또한 기존에 비해 디지털 유통 환경에서 시장 진출이 쉽고 그 성과가 높아졌기 때문에 기존 대형브랜드의 시장 지배력이 약해지기 시작했다.

결국 브랜드 업체들은 기존에 갖고 있던 가두점과 백화점 채널에 대한 시각과 관리방식을 근본적으로 바꾸어 나가야 한다.

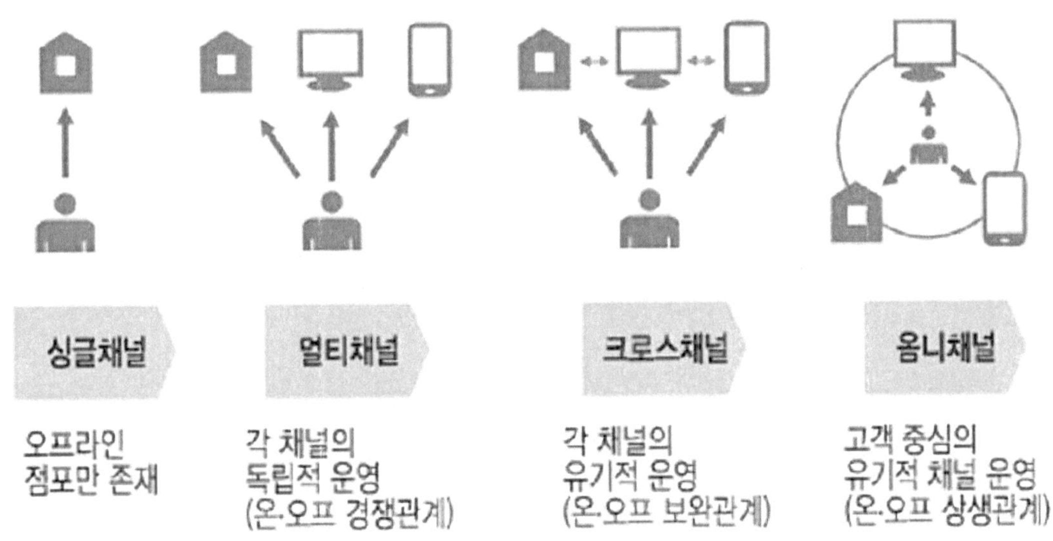

그림 24 유통채널 패러다임의 변화양상

---

10) 모든'이라는 뜻의 단어 omni와 '경로'를 뜻하는 channel의 합성어로, 기존 온·오프라인 유통 채널에 IT·모바일 기술을 융합한 유통 전략을 의미한다.

또한 앞으로는 온라인 유통이 발달하면서 유통경로가 점점 더 단축될 것이다. 전통적인 유통경로인 제조업체/생산자→총판/대리점→도매업체→소매업체→소비자에서 제조업체/생산자→소비자 혹은 제조업체/생산자→유통업체→소비자로 진행되고 있다. 기존 오프라인 유통업체들의 경우 상품을 납품 받아서 보관하다가 소비자에게 판매하면서 보관비용, 관리비용이 증가했으나 온라인 유통업체들의 경우 상품을 납품받아서 보관하다가 소비자에게 판매하면서 보관비용, 관리비용이 증가했으나 온라인 유통업체들의 경우는 상품 판매를 중개만 해주는 형태라 주문을 받으면 상품 공급업체에서 바로 소비자에게 배송해주기 때문에 비용적인 측면에서 훨씬 유리하다. 특히 복잡한 유통경로를 가진 농, 수, 축산물의 경우도 유통경로에 있는 담당자들이 온라인으로 직접 판매 시 유통경로가 단순해지면서 판매가격은 낮아지고 있다.

(2) 의류 유통구조의 변화 배경

(가) 단계별 재고 소진 구조

전통적인 의류산업의 유통구조는 정상제품의 60%를 팔고 남은 40%는 재고가 되어 그 다음해에 저렴한 가격으로 할인매장에서 판매되는 단선적인 유통구조였다. 그러나 제조업체들은 내년으로 넘길 경우 창고비 등 부대비용이 소요되며 좀 더 저렴한 가격에 팔더라도 당장 자금을 확보하는 것이 여러모로 유리하다는 입장이다.

이에 따라 의류제품의 경우 할인 유통의 경로가 더욱 다각화되고 있으며 경쟁 또한 심화되고 있다. 의류업체들은 신상품이 출고되면 시즌 정상 판매를 통해 2~3개월까지 매장에서 정상가로 판매하여 약 30%정도를 소진하게 되며 출고 후 2~3개월이 지나면 정상가격의 30%정도를 인하하여 정상 유통점에서 판매하게 된다.

이렇게 정상 유통점에서 판매하고 남은 제품은 재고 상품으로 분류된다. 재고 상품들은 시즌 아웃상품으로 분류되어 할인매장 또는 아웃렛매장으로 출고된다. 이 경우 짧게는 2~3개월부터 2년까지의 재고상품들이 일반적으로 정상가에서 50~70%할인된 가격으로 판매되고 있는데 할인점과 아웃렛의 유통채널에서는 이 상품의 판매가 전체 매출의 70%가량을 차지하고 있는 것으로 나타났다.

2년 이상 지난 재고상품은 정상 판매가의 70~90%까지 할인된 가격으로 특판 행사에
서 이벤트로 판매된다. 대부분의 재고상품은 이 단계에서 거의 다 소진되지만 판매되
지 않고 남아있는 재고 상품의 경우는 동남아 등지로 수출되거나 소각되는 형태로 처
리된다.

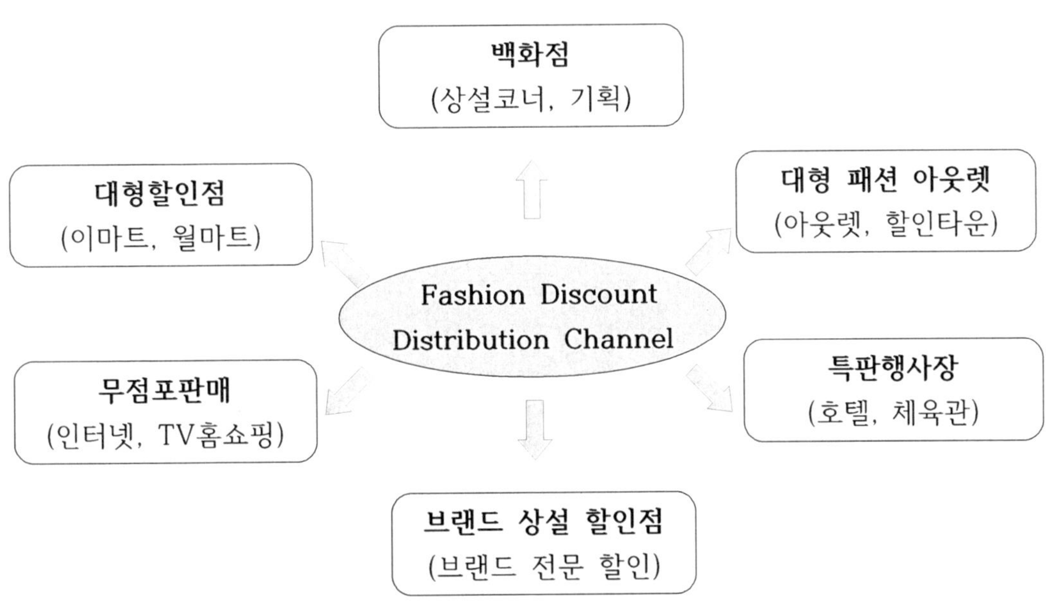

그림 25 의류 산업의 제품할인 유통 경로

(나) 재고 감소를 통한 수익 증대 방안 모색

의류 유통구조가 생산자 중심에서 판매자 중심으로 바뀌게 된 사실은 재고 처리에 대
한 부담감을 줄이고자 하는 의류업계의 의지를 반영하고 있다. 의류제품은 다양한 경
로를 통해 단계적으로 판매되는데 한 단계씩 추가될 때마다 판매액 대비 수익성은 하
락하는 경향을 가진다.

만약 기획 단계부터 판매가 가능한 의류를 중심으로 생산, 회전율을 높인다면 시간가
치와 수익을 증대시킬 수 있다. 최근 의류 유통 변화 추세인 SPA진출과 유통업체의
직수입 브랜드 증가도 이와 같은 맥락에서 이해할 수 있을 것이다.

(다) 소비의 양극화 및 합리적 소비 증가

최근 모든 소비활동에서 나타나는 공통적인 현상은 '소비의 양극화'이며 의류산업에서
도 예외가 될 수 없다. 중국산 저가 의류가 국내 의류 시장을 장악하면서 저가 의류
를 추구하는 소비자들은 인터넷 쇼핑몰 및 TV홈쇼핑, 할인점, 아웃렛 등을 주로 이용
하게 되고 최근 몇 년간 이들 신 유통채널이 급격히 성장할 수 있는 역할을 하게 된
다. 한편, 고급의류를 찾는 소비자들은 백화점으로 발길을 돌리게 되는데 이들 고객층
을 확보하고 신 유통채널에 대항하기 위해 백화점들은 더욱 고급화를 추구하는 전략
을 쓰고 있다.

소비의 양극화가 일어나는 동시에 합리적 소비자도 증가하여 의류의 유통과정에서 발
생한 거품이 제거된 납득할만한 가격 수준에서의 소비를 추구하는 소비자들도 증가하
였다. 합리적 소비자의 증가는 상대적으로 저렴한 가격대의 의류를 주로 취급하는 인
터넷 쇼핑몰과 아웃렛, 할인점의 성장을 견인하였으며 SPA가 본격적으로 국내에 런
칭하게 된 원인을 제공하기도 한다.

나) 해외

(1) 미국

(가) 미국 패션 유통 특성

미국의 패션유통은 주로 홀세일(Wholesale)과 자체 상표(PB)를 기본으로 한다. 전통
적인 미국 패션 유통 채널은 제조업에서 도매업을 거쳐 소매업으로 이어지는 구조를
갖는다. 주요 리테일러(retailor)들은 유통구조에 따라 연 2~6회 전문 쇼룸을 통해 상
품을 구매하고 있다.

미국은 디자이너와 홀세일 그리고 리테일러의 역할이 비교적 명확하게 구분되어 있
다. 미국이나 유럽 선진국의 경우 상품의 기획과 생산, 유통 등이 세분화 되어 있어
각각의 전문성을 확보하면서 그 기능이 강화되어 왔다.

대부분의 패션 디자이너는 상품을 기획하고 생산은 도매업체 또는 제조업체의 의류 및 액세서리 라인에서 담당하게 되며, 이렇게 생산된 상품은 개별 매장이나 온라인 소매 업체 등 소매점에 진열되어 판매된다.

디자이너-제조사-유통채널 바이어를 연결해주는 역할을 '세일즈 에이전트(세일즈 랩, Sales Rep.)'가 수행한다. 미국은 넓은 지역적 특성 때문에 제조업에서 도매업으로 넘어갈 때 중간에 에이전트를 활용하는데 중간상인 세일즈 랩(Sales Rap)을 통해 제조업자와 도매업자가 연결된다. 홀세일 전개방식이 고착화 되어 있는 미국은 세일즈 랩 형태로 유통이 이뤄지다가 점차 쇼룸 비즈니스[11]로 그 형태가 발전했다.

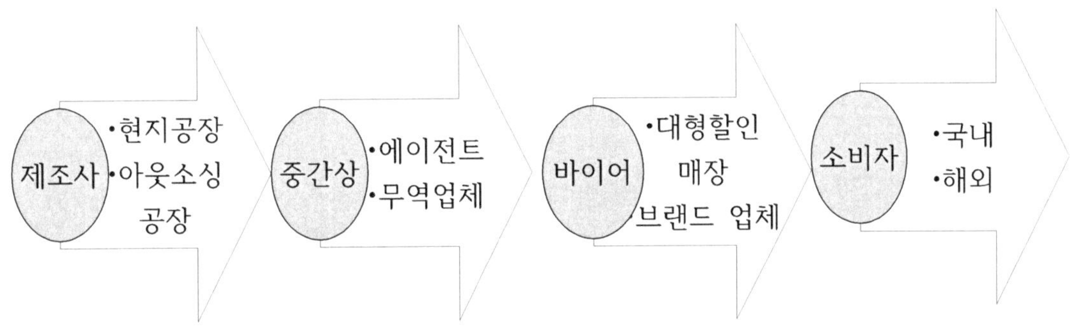

그림 26 전통적인 미국 의류 도매시장 유통구조
자료 : 국내 디자이너브랜드의 해외시장 진출을 위한 글로벌 마케팅 전략 연구, 김효정, 2015

일반적으로 세일즈 랩은 상설 쇼룸을 보유한 에이전트와 시즌 동안에만 짧은 기간 장소를 대여하는 팝업(Pop-up) 쇼룸을 운영하는 에이전트로 구분할 수 있다. 일반적인 에이전트는 비용의 부담을 고려, 시즌에만 한시적으로 팝업 쇼룸을 운영하며, 상설 쇼룸은 현지에서 인지도가 있는 에이전트가 주로 운영한다. 쇼룸공간을 확보하지 못한 경우, 리테일러와 약속을 하고 물건을 들고 직접 투어를 하거나, 온라인에서 룩북(Look book)등을 통한 컬렉션 전시와 오더를 진행하기도 한다.

일반적인 쇼룸의 기능은 세일즈, 홍보를 중심으로 하며, 최근 브랜드와 함께 '성장'하길 원하는 에이전트들을 중심으로 컨설팅 기능이 점차 강조되고 있다. 단순 바이어 리스트가 아닌, 실제 쇼룸으로 초청할 때 응할 수 있는 바이어와의 관계가 에이전트

---

11) 쇼룸 비즈니스 : 자유무역지역의 중계·가공 무역 활성화를 조장하기 위한 목적으로, 견본품을 먼저 전시해 바이어에게 보여 준 후 상담을 통해 판매하는 사업을 말한다. [네이버 지식백과]

의 핵심 역량이다. 바이어는 에이전트의 전문성을 전제로 신진디자이너의 옷을 리스크를 감수하고 구매하게 된다.

브랜드 세일즈 렙은 자사 쇼룸, 전시회, 언론 매체를 통해 브랜드를 홍보하는데, 전시회의 경우 연간 5,000회에 가깝게 뉴욕, 샌프란시스코, 시카고 등지에서 개최되고 있으며, 인근지역의 유통업체나 산업계 수요자 등이 집중적으로 구매 상담에 참여하기 때문에 지역시장 진출을 위한 기회가 될 수 있다.

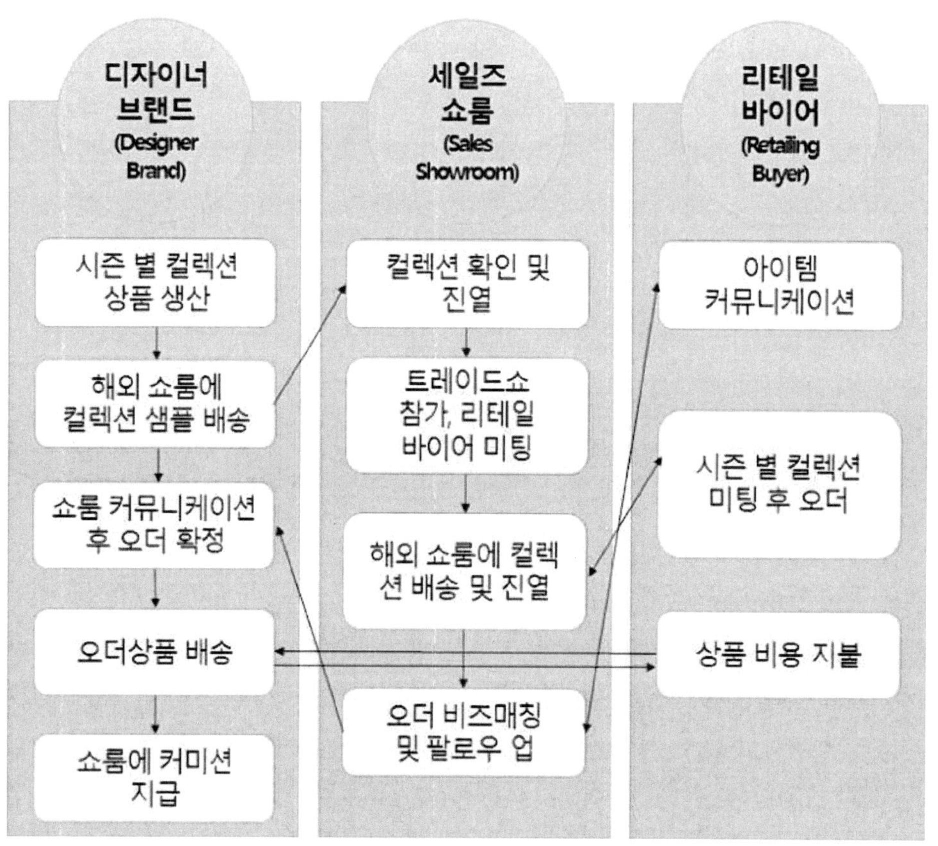

그림 27 세일즈 쇼룸의 업무 흐름 프로세스
자료 : 국내 디자이너브랜드의 해외시장 진출을 위한 글로벌 마케팅 전략 연구, 김효정, 2015

바이어들은 세일즈 렙의 전문성을 믿고 디자이너 브랜드를 구매하는 경향이 높으며, 트레이드 쇼에 디자이너가 직접 나와 있는 상황보다 에이전트가 나와 있는 것을 더 전문성 있는 기업이라 판단하는 경향이 있다. 온라인 시장이 커졌지만 여전히 바이어는 오프라인 공간에서 옷을 직접 보고 소재나 피팅(fitting) 등을 확인 한 후 바잉(buying)을 결정하고 있으며, 쇼룸 방문 없이도 바잉을 진행하는 경우는 브랜드에 대한 신뢰가 구축되는 최소 2~3시즌 이후에나 가능하다.

브랜드 전체의 관점에서 보다 효율적인 협업이 중요해지고 있으며, 세일즈 랩과 브랜드(디자이너)가 함께 성장하는 관계를 위한 파트너십 구축이 중요해지고 있다. 세일즈 랩 중 좋은 브랜드인 경우 디스트리뷰터(Distributor)로 전환하여 실제 사업 파트너로서 더 견고한 관계를 구축하려고 노력하는 경우가 있다.

미국 내 세일즈 랩의 현황을 살펴보면 세일즈 랩의 커미션은 보통 10~15% 정도이며, 세일즈 랩을 통한 판매 시 물량을 충분히 확보하여 주문 이후 신속히 물량을 내보내거나 A/S 해줄 수 있어야 한다.
쇼룸 비즈니스는 미국 등지에 일반화된 유통구조로 홀세일 쇼룸이 기본적인 형태나 일반 소비자를 대상으로 하는 B2C쇼룸으로 발전하는 사례도 있었다. 쇼룸은 일종의 오프라인 상설 전시장을 보유한 세일즈 랩으로 디자이너 브랜드로 구성된 멀티브랜드 쇼룸은 뉴욕과 LA에 집중되어 있다.

구분	주체	역할
도매	전용기업쇼룸 (exclusive corporate showroom)	-단일 '판매자'의 상품만 제공되는 것으로 때때로 한 라인의 상품일 수도 있고, 여러 라인의 상품일 수도 있음 -그러나 모든 상품은 그 생산자의 것만 다루게 되고 판매사원들도 그 한 회사만을 대표함
	멀티라인(multiline)쇼룸	다양한 제조자 라인들이 모여 있는 쇼룸으로 독점적 기업용 쇼룸과는 대조됨
	기업판매 (cooperate selling) : 직접 소매 거래처들에 판매	신생패션 업체(start-up)들은 주로 기업판매를 많이 선택하는데 이는 제조회사들이 그들의 소매 거래처에 직접 판매함을 의미한다.
		-초배타적 공급(highly exclusive)패션 사업체 또한 그들의 제품을 자신들의 상품을 취급하도록 허락한 소수의 점포들에 전달하는 주요한 수단으로 기업판매를 사용함.(고급의 고가격디자이너 기성품과 액세서리 제품들인 경우가 종종 있다.) -그들의 매 패션시즌마다 그들이 제공하는 소수의 상품들의 배타적 성격을 유지하기 위해 이러한 방식을 사용함.
		대규모 소매 거래처를 가진 대규모 제조업체도 기업판매의 후보자

표 6 미국의 도매 주요 유통 채널 및 역할

구분	주체		역할
소매	소규모 자영업자 점포 (mom-and-pop store)		대개는 한 가족에 의해 운영되는 점포들로 크기나 범위가 작고 일반적인 상품들 즉, 껌부터 가정용품들까지 제공.
	전문점(specially store)		-남성복, 여성복, 아동복 등 특정한 제품 범주 내의 집중된 구색의 상품을 제공함 -초기에 전문점은 종종 그들의 전문성을 지역사회에서 인정받는 개인들에 의해 운영되었음. 이는 고객들을 종종 개인적으로 잘 알고 있다는 것을 의미하며 표적 마케팅이 가능하게 했음.
	컨템포러리 전문점		오늘날의 전문점포는 고급의류, 임신복, 운동복 및 요가복, 특정한 화장품 라인 등 다양함.
	백화점 (잡화상general)	종합 백화점	의복이나 액세서리 같은 소프트 품목뿐만 아니라 가정용품. 가전제품과 같은 하드 품목들까지 다양한 제품을 취급하는 백화점.
		한정품목 백화점	삭스 피프스 애비뉴(Saks Fifth Avenue)나 니만 마커스(Neiman Marcus)처럼 고급의류, 액세서리, 신발류 등의 소프트 라인 품목만 전문적으로 취급하는 백화점.
	부티크		특별한 전문점으로 한 생산자의 제품만을 다루거나 큐레이트(curate)되어 특별히 선별조던 제품을 다룸.
	카탈로그 점포		카달로크는 고급소재에서 할인상품까지 상품이 넓은 스펙트럼을 갖고 있어 브랜드를 구축하고 수익성을 얻는 또 다른 소매경로로서의 역할.
	체인점		체인점은 월마트처럼 각 점포들이 그 브랜드 이름하에 운영하게 되는 중앙 집중화된 경영방식의 한 부분으로 더 저렴한 가격으로 소비자에게 나타남.
	직접판매		-직접판매는 판매 대리상들이 자신들의 참여와 관련되는 모든 비용을 부담하고 지출하도록 하지만 반면 동기부여가 잘되어 있고 인적관계가 좋은 판매원들은 상당한 수익을 올릴 수 있는 기회를 제공. -오늘날 에이본(Avon), 메리케이(Mary Kay), 암웨이(Amway), 돈캐스터(Doncaster), 월쓰(Worth)와 같은 업체들.

소매	할인 상품 공급업체	낮은 가격과 오래도니 상품을 판매하는 할인 상품 공급업체가 있음.
	할인가격점포 (off-priced stores)	아직 유행하는 상품들을 제공하는 곳
	할인점 (discount store)	할인점들은 한 시즌 이상 오래된 품목들을 취급함. 점포의 창고나 정리 세일 등에서 나타났던 상품들.
	팩토리 아웃렛 점포 (factory outlet store)	다른 할인가 점포들이 다른 소매상들로부터 상품을 구매하는 별도의 사업체인 데 반해, 팩토리 아웃렛 점포는 나이키 같은 패션 제조업체의 소매 부서. 그들은 또 정가 소매상들의 직판점들일 수 있음.
	프랜차이즈 점포	프랜차이즈는 패션회사와 영리한 소매업자들의 패션사업의 위험보담을 분담함으로써 이익을 얻을 수 있는 기회를 제공하는 형태로, 한명의 기업가와 패션기업이 패션회사 점포를 열고 그 회사의 제품만을 팔기로 동의하며 옷 한 벌 당 일정 로열티 비용을 패션 회사에 지불함. 패션회사는 상품과 브랜드에 관련된 매체와 다른 도움을 기업가에게 제공.
	대규모(big-box) 및 카테고리 킬러(category killer)점포	점포의 물리적인 크기가 보통 20만 평방피트 이상인 곳. 대규모는 판매 형식이고 카테고리 킬러는 상품구색이 전문적임을 의미함. 즉, 카테고리 킬러점포는 한가지나 한정된 상품군을 깊게 취급하여 대형마트보다 저렴하게 판매하는 할인형 대규모 전문점을 말함(저가격 대량판매)
	TV소매상	유명인이나 TV또는 영화배우, 패션 디자이너들이 나와 캐주얼 의류나 화장품 같은 각각 한 종류의 물품을 선전하는 특별한 쇼를 진행함으로써 판촉행위를 함.

인터넷 소매상	인터넷은 보다 쉽게 소비자들이 쇼핑을 즐길 수 있도록 하는 매체로 단순히 매력적인 상품이나 웹사이트 외에 이행서비스, 주문받기, 처리, 지불, 주문처리, 배송, 반품 처리 등 구매의 실질적인 경험을 소비자에게 매력적으로 만들어야 함. 또한, 소비자들이 '점포'를 찾을 수 있도록 전문적인 마케팅 전략을 세우거나 포털사이트에 노출시켜야 한다.
멀티채널 소매업자	전통적인 판매 방식과 최신의 혁신적인 판매 방식 모두를 포함하는 멀티채널은 소매 판매자들이 오프라인 점포, 인터넷 사이트, 직접 마케팅 및 판매, 또는 기술/소셜 미디어 중 2개 이상의 수단을 통합하여 소비자들에게 상품과 서비스를 구매하고 배우고 경험할 수 있는 능력을 제공하는 사업방식이자 비즈니스 모델임.

표 7 미국의 소매 주요 유통 채널 및 역할

(나) 온라인 채널 성장

전 세계 대부분의 국가가 그렇듯이 미국 시장에서도 온라인의 성장은 하나의 큰 트렌드로 자리 잡았다. 통계전문기관 스테이티사(statisa)의 2016년 전자상거래(e-commerce)패션 리포트에 의하면 글로벌 패션 전자상거래 시장 매출 규모는 2016년 3,321억 달러로 총 전자 상거래 시장의 28%를 차지하고 있다.

2021년에는 6,335억 달러까지 패션부문의 매출 규모가 증가할 것으로 예측하였고, 총 전자 상거래 시장의 30%에 달하는 비중을 차지하게 될 것으로 보았다. 2021년까지의 연간성장률은 13.8%에 이를 것으로 예상하고 있다. 패션부문의 연간 성장률 전망은 리포트에서 조사된 각 부분별 전체 전자상거래 연평균 성장률인 12.3%보다 약 1.5% 높다.

미국 온라인 시장에서 '아마존 패션'의 성장이 주목할 만한데, 거의 모든 조사기관의

데이터가 아마존 패션의 급격한 성장을 보여주고 있다. 현재 미국 1위의 의류 판매 기업이 되었다.

2006년 온라인 쇼핑몰 샵밥(shopbob)을 인수하면서 이후 본격적으로 의류(apparel) 판매에 뛰어 든 아마존은 2010년에 신발 전문 쇼핑몰 자포스(zappos)를 인수했고, 약 11년 만에 온라인 패션 시장을 평정했다. 2022년에는 LA에 첫 오프라인 의류매장, '아마존 스타일'을 선보였다. 아마존 스타일에는 최첨단 기술이 대거 적용됐다. QR 코드를 이용한 상품 주문 방식, AI(인공지능) 활용 고객 맞춤 추천 서비스, 빅데이터를 활용한 빠른 상품 분류·배송 기술이 그것이다. 온라인과 오프라인을 융합한 방식으로 매장에서 QR코드를 찍어 저장한 옷들은 앱 상에 그대로 저장돼 나중에 집에 가서도 주문이 가능하다. 아마존은 향후 패션매장에 이어서 아마존 백화점을 열 계획이다.

(다) 패션 신속성 강조와 소비자 접점 강화

인터넷 미디어의 발달로 정보소통의 속도가 가속화 되면서 패션트렌드에 대한 대응도 점차 빨라지고 있다. ZARA나 H&M로 대표되는 패스트패션(fast fashion)이 전 세계 의류시장의 하나의 흐름으로 자리를 잡았다.

디자이너 패션 브랜드도 최근 패션쇼 직후 패션쇼 의상을 바로 구매할 수 있도록 하는 획기적인 시도들이 미국을 중심으로 시작되고 있다. 보통 패션쇼에 참여한 관객은 약 6개월 후가 되어야 해당 옷을 구매할 수 있는데 점점 더 많은 소비자들이 '지금 당장' 구매하고자 하는 욕구가 커짐에 따라 디자이너들도 당장 구매할 수 있는 형태로 변화를 꾀하고 있다.

'See-now, Buy-now'로 대표되는 '패션 신속성'의 확대에 따라 랄프로렌(Ralph Lauren), 톰 포드(Tom Ford), 바나나 리퍼블릭(Banana Republic)과 같은 몇몇 브랜드들이 패션쇼에서 선보인 의상을 바로 온라인 매장이나 오프라인 매장에서 구매할 수 있도록 시스템을 구축하였다.

'Tommy Now'는 의류 브랜드 토미 힐피거가 2016년 9월 뉴욕의 South Street Seaport's Pier 16에서 이틀간 토미 힐피거만의 패션위크를 개최하면서 런웨이를 마친 후 런웨이에서 선보인 의상을 토미 힐피거의 오프라인 매장과 온라인 매장에서 동시에 구매가 가능하도록 하였다. 2017년 S/S 컬렉션은 기존 패션위크 스케줄과 별도로 토미 힐피거 매장에서 판매가 가능한 시점에 맞춰 선보인 바 있다. Tommy X Gigi의 콜라보 런웨이가 끝난 직후 100달러 미만의 제품 중 몇몇 제품들은 이미 온라인에서 매진이 되기도 했다.

그림 28 Tommy Now 2017 Spring 여성 런웨이 쇼

미국의 패션유통 시장은 온라인 유통의 확대와 소셜 미디어 및 인디 매거진의 성장, 다양한 이벤트를 통한 소비자와의 접점이 강화되고 있다. 물건을 파는 것으로 그치는 것이 아니라 브랜드 정체성에 기초하여 지속적이고 장기적으로 현지의 소비자, 즉 팬덤과의 관계를 맺어가는 노력이 있을 때, 성공적인 글로벌 브랜드로 미국 시장 진출에 성공할 수 있을 것이다. 따라서 단발적인 마켓 참가 중심의 지원 및 시장 지출 노력으로는 현지화 전략에 있어서 상당한 한계가 작동할 수밖에 없을 것으로 전망된다.

    (2) 오스트리아

오스트리아 의류 소매유통 시장이 최근 들어 꾸준한 성장세를 보여주고 있는 가운데, 업체의 대형화 및 온라인 부문의 급속 성장 등으로 인해 그 시장 구조가 큰 변화의 조짐을 보이는 것으로 나타나 관심을 끌고 있다.

시장조사 전문기관인 RegioPlan의 보면, 오스트리아 의류 소매유통 시장은 2017년 64억 유로의 시장 규모를 기록한 것으로 조사됐는데, 이는 전년 대비 1.7% 증가한 규모이다. 오스트리아 내 관련 시장은 2000년대 들어 지속적으로 시장규모가 축소되다 2004년을 기점으로 성장세로 전환되었고 연평균 약 2%정도의 성장세를 유지해왔다.

이 같은 추세는 글로벌 금융위기 등의 대외변수에도 불구하고 지속되어 오다가 2012

년 이후 소폭의 감소세로 전환되면서 관련 업계의 우려를 자아냈으나, 2014년에는 전
년(2013년)대비 4.4% 크게 성장하면서 시장규모가 증가세로 다시 돌아섰다. 이러한
시장 성장세와 함께 오스트리아 의류 유통시장의 대형화/집중화 및 온라인 부문의 급
성장 양상은 빠르게 진행되고 있다.

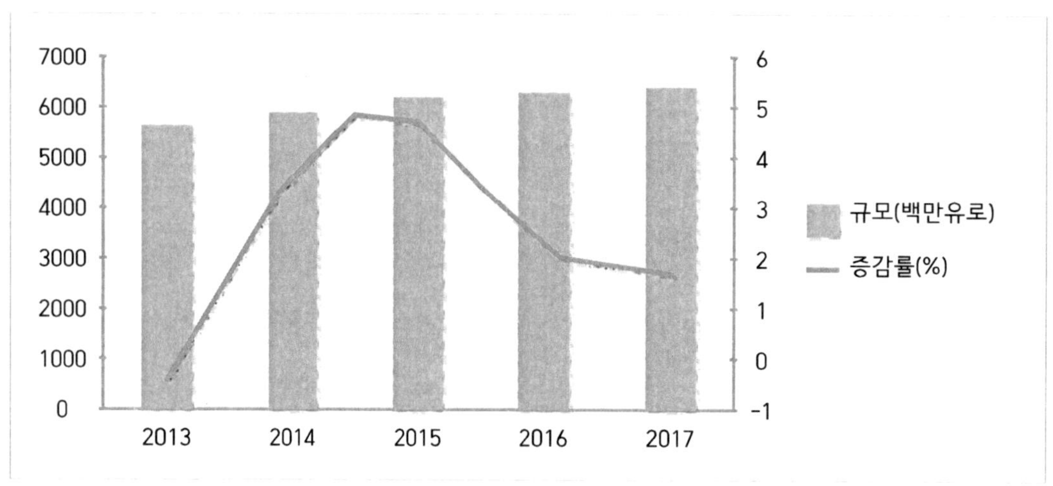

그림 29 오스트리아 의류 소매유통 시장 규모(단위: 백만유로, %)
자료 : 오스트리아 유통구조 변화에 주목해야 할 의류시장, 코트라, 2018

이러한 시장 성장세와 함께, 최근 들어 오스트리아 의류 유통시장은 시장 구조의 변
화가 눈에 띠고 있다. 제품 특성상 다른 부문에 비해 상대적으로 그 진행속도가 느린
것은 사실이지만, 2000년대 중반 이후 대형화/집중화 움직임이 지속되고 있으며, 또
최근 들어서 온라인 부문의 비중이 빠르게 증가하고 있는 추세이다.

의류 분야의 경우, 제품에 대한 개인별 기호의 편차가 상대적으로 큰 제품의 특성상,
대형 유통체인을 통한 유통의 집중화가 다른 부문에 비해 느린 속도로 진행돼 왔다.
이러한 시장 여건에도 불구하고 현재 시장 점유율 상위 3개 유통체인(H&M, C&A,
Peek&Cloppenburg)이 차지하는 비중이 50%에 이를 정도로 어느 정도 집중화가 진
행된 상태이다.

유통 체인의 집중화 및 대형화 추세는 RegioPlan의 의류 산업 담당자인 에른스트 기
텐베르거(Ernst Gittenberger)에 따르면, 오스트리아의 의류 소매유통점 숫자는 2015
년 기준 5000개로 조사된다. 이는 2010년의 5800개에 비해 13.8% 줄어든 숫자이며,

2001년의 6100개와 비교하면 21.9% 줄어든 수치이다. 개별 중소형 유통점의 폐점 현상이 꾸준히 진행되고 있음을 나타내고 있다.

이러한 집중화 및 대형화 현상은 전체 매장 면적의 변화에서도 잘 나타나고 있는데, 소매 유통점 숫자의 감소에도 불구하고 2010~2015년 동안 전체 매장 면적은 오히려 166만㎡에서 172만㎡으로 증가한 것으로 조사됐다. 또한, 대형 유통 체인 매장의 면적이 오스트리아 전체 의류 매장 면적의 80%를 차지하고 있는 것으로 나타나, 이들이 실질적으로 오스트리아 관련 시장을 실질적으로 주도하고 있음을 짐작하게 한다.

매장의 대형화/집중화 추세와 아울러, 최근 관련 유통시장에 불고 있는 주목할 만한 큰 변화는 온라인 부문의 빠른 증가세이다. 2015년 기준 62억 유로의 전체 오스트리아 의류 유통시장 중 오프라인 매장이 아닌 온라인 부문은 15억 유로로, 24.2%의 비중을 차지한 것으로 조사되었다. 온라인 부문의 비중은 2000년대 중반까지는 한 자리 수대에 머물 정도로 작은 수준이었으나, 2010년 들어 빠르게 증가하는 모습을 보이고 있다. 이러한 시장 추세를 감안하면 2020년에는 전체 시장의 1/3수준인 34%까지 증가할 것으로 예상된다. 온라인 부문은 2010년 이후 연평균 10~30%대의 고속 성장세를 거듭하고 있다.

이러한 시장구조 변화의 흐름 속에서 신규업체들의 진출 및 기존 업체들의 철수가 이어지면서 오스트리아 의류 유통시장은 그 경쟁 약상이 더욱 치열해지는 모습을 보이고 있다. 시장구조 변화와 맞물려 오스트리아 의류 유통시장은 플레이어별로 그 성격이 뚜렷하게 양극화되는 모습을 보이고 있다. 대형 매장 체인 업체들이 매장의 집중화 및 대형화를 통한 실물 매장 면적 확대로 시잠점유율 확대에 성공하고 있는 반면, 온라인 부문의 플레이어들은 오프라인 플레이어들에 비해 3~4배 높은 수익성을 실현함으로써 '알짜'장사를 하고 있는 것으로 조사되었다.

구조변화, 시장의 양극화 등 다양한 변화의 흐름 속에서 오스트리아 의류 소매유통 시장의 성장세는 꾸준히 지속될 전망이다. 기존 대형 실물 매장들의 대형화 지속, 온라인 부문의 빠른 성장세 및 할인 매장들의 꾸준한 성장 등이 맞물려 오스트리아 의류 소매유통 시장은 그 성장세가 앞으로 상당기간 이어질 전망이다. 따라서 시장 주도권을 선점하기 위한 업체들의 적극적인 마케팅 활동 및 매장 확대 전략이 당분간 이어져, 그 경쟁 양상은 더욱 치열해질 것으로 보인다.

(3) 일본

일본은 90년대 들어 엔고현상에 의한 산업전반적인 하락추세로 인해 어패럴 산업역시 존폐위기를 겪은 바 있다. 1차 패션산업의 기본 구성인 의생활 비중이 감성적 소비증가로 한없이 치솟던 1980년대에 비해 급격하게 떨어진 것이다. 이후 의류의 주요 유통채널이 백화점의 절대적 지위상실, 아웃렛의 창궐, 대형 복합 쇼핑몰 러시와 로컬 콘텐츠 부족 등 여러 가지 변화를 거치게 되면서 일본 의류 유통채널은 다양화를 추구하게 된다.

변화되는 플랫폼의 변화에 적응하지 못한 전통적 어패럴 기업들은 사라지게 되었고 2000년대에는 매년 3%이상 축소가 진행되어 2014년에는 의류 유통시장 규모가 10조 엔 정도 되었다. 32조 시장으로 추정되는 한국시장 규모와 비교해도 인구와 소득대비 상대적 평가로 보면 한국의 어패럴 산업보다 큰 시장이라 하기 어렵다.

기획과 생산을 결합하여 시장을 창출하는 팩토리 브랜드 형식의 SPA는 일본 업계에선 자사개발과 OEM의존 방식으로는 글로벌 브랜드들의 가격과 스피드를 따라갈 수 없기 때문에 만들어진 돌파구이다. SPA는 이렇게 1990년대 말부터 치밀하게 확장하여 '갭', '자라', 'H&M'등 해외 SPA의 침투와 더불어 기존비즈니스 모델을 몰락시켰다.

현재까지 고령화가 심화되어 가는 일본사회 특성상 의류산업 전체의 폭발적 성장은 기대하기 어려워 시장규모 자체가 감소하고 있지만, 인터넷 통신판매시장은 호조를 보이고 있다. 지난 2016년 일본 의류시장규모는 전년대비 98.5%인 9조 2,202억 엔으로 감소했지만, 인터넷 통신판매는 매출이 확대되어 시장점유율을 확대하고 있다.

코트라에 따르면 백화점 및 쇼핑센터 등 실제 매장의 매출이 감소하고 있지만, 1020세대 중심으로 스마트폰을 통한 제품 구매 경험이 늘어나고 있어 젊은 층이 인터넷 통신판매 성장을 견인하고 있다고 한다. 특히 코로나19 확산에 따라 외출을 자제하는 소비자가 늘면서 온라인 의류 전자상거래(E-Commerce, EC) 시장이 더욱 확대되었고 2020년에는 EC 증가율(온라인 의류 구매율)이 19.4%까지 도달했다.

(4) 인도네시아

인도네시아는 최근 떠오르는 온라인 유통시장으로 주목 받고 있으며, 시장의 수익성은 지난 수년간 지속적으로 증가세를 보이고 있다. 온라인 쇼핑의 시장점유율이 오프라인 유통망의 점유율에 비해 낮은 편이나 온라인 판매는 계속해서 증가하고 있다.

코트라 자료에 따르면 2015년과 2016년도에 패션의류 분야가 인도네시아 온라인 유통시장의 매출에 압도적으로 기여해왔다. 인도네시아는 2020년 기준 총 인구 중 생산가능인구가 70.72%에 달해 노동인구가 풍부한 편이며 상대적으로 낮은 인건비를 바탕으로 경공업이 발달했다. 이를 토대로 세계 10대 섬유·의류 봉제 제조국가로 성장 중이다.

2021년 기준 국내총생산(GDP)에서 섬유·의류 부문은 127.43조 루피아[12](약 11조 2,000 억 원)로 전체 GDP의 4.08%를 차지했다. WTO에 따르면 인도네시아는 의류 수출 상위 10위 국가(중국, 유럽, 베트남, 방글라데시, 터키, 인도, 말레이시아, 영국, 홍콩, 인도네시아 순)로 2020년 기준 76억 달러(약 9조 6,000억 원)의 수출을 기록했으며 이는 세계의류 수출액 중 1.7%에 해당하는 수준이다.

인도네시아 패션시장은 온·오프라인 채널로 나누어지며 2020년 코로나 팬데믹 이후로 온라인 비중이 점차 증가하는 추세이다.[13]

(단위: %)

구분	2018	2019	2020	2021	2022	2023	2024	2025
오프라인	91.3%	87.6%	77.2%	66.0%	70.8%	72.4%	72.6%	72.7%
온라인	8.7%	12.4%	22.8%	34.0%	29.2%	27.6%	27.4%	27.3%
합계	100%	100%	100%	100%	100%	100%	100%	100%

표 8 인도네시아 온·오프라인 패션시장 비중, 2018-2025
자료 : 스태티스타, 2022

---

12) 2022년 5월 6일 루피아·원 환율 기준(100루피아 = 8.78원)
13) 2022년 인도네시아 패션시장 동향, KOCCA, 2022

4. 패션 시장 분석

일반적으로 의류 산업 사이클은 (a)맞춤복 시장→(b)기성복 시장→(c)중소기업형 브랜드 시장→(d)글로벌 수입 브랜드 및 명품 시장→(e)차별화된 패션 브랜드 공존의 주기를 거치는 것으로 파악된다. 현재 한국은 (d)글로벌 수입 브랜드 및 명품시장과 (e)차별화된 패션 브랜드의 과도기를 거치는 단계이다.

2017년에는 글로벌 경기가 점진적인 회복세를 이어갔지만 패션(의류)시장은 정체를 보였다. 2016년 하반기 이후 국내 불안정한 정치상황으로 민간 소비심리가 위축되면서 2017년 의류시장은 2016년 대비 1.6% 역신장하였다.

의류업의 산업 환경은 2019년에는 온라인 및 테마쇼핑몰 등 신유통의 성장과 전통적으로 하반기에 강세를 보이고 있는 캐주얼, 스포츠, 아웃도어 등의 강세가 꾸준히 이어진다며 내년에는 소폭 성장도 가능할 것으로 예상된다. 한국섬유산업연합회에 따르면 2019년 국내 패션시장 규모는 전년대비 3.6% 감소한 4조 1천억 원으로 추산했고 2020년 시장규모는 5.8% 감소한 3조 9천억 원에 달한다고 했다. 2021년 국내 패션시장 규모는 43조 5,292억 원이었으며, 2022년은 전년보다 한자리수 상승한 45조 7,787억원으로 전망된다. 성장률은 5.2%를 기록했다.

2000년대 후반 국내 패션시장에 SPA브랜드들이 진출하고 빠르게 성장하면서 패션시장도 판도가 바뀌었다. 저성장 시대에 가치소비 트렌드가 확산되면서 많은 소비자들이 SPA브랜드에 관심을 집중하고 있다. 국내 여성복, 캐주얼 브랜드 다수는 소비자들로부터 멀어지면서 사업적, 재무적으로 타격을 입었으며, 지금도 SPA시장은 성장을 거듭하며 기존 브랜드들에 위협요소가 되고 있다.

이러한 시장 환경에서 가격경쟁력을 보유한 중소규모의 온라인 의류전문 쇼핑몰을 중심으로 온라인 패션시장이 꾸준히 성장하고 있으며, 대형마트 등 비패션 유통업체들의 의류 판매 규모가 확대되고 있다. SPA브랜드의 위협과 더불어 기존 패션업계를 위협할 요소가 또 나타난 것이다.

본 장에서는 이러한 패션시장 트렌드를 살펴보고 국내외 패션 시장을 알아볼 것이다.

가. 국내

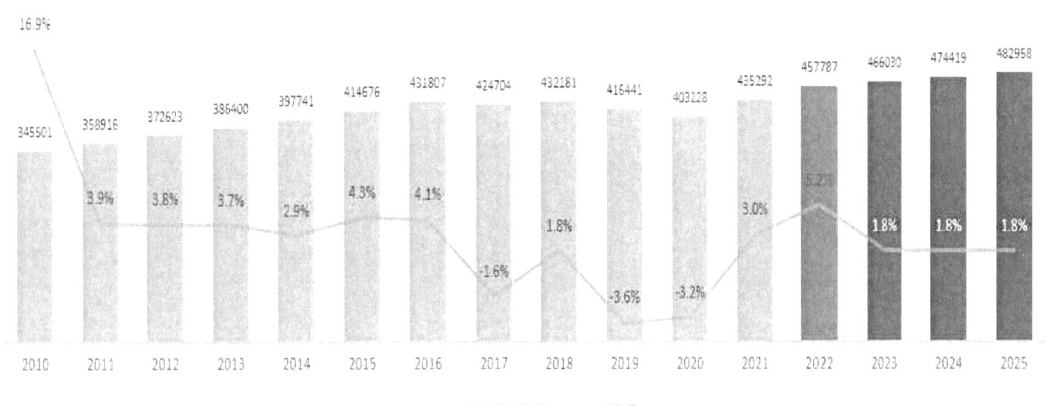

그림 31 국내패션시장 규모 추이
자료 : 한국섬유산업연합회(재구성)

2017년 42조 4,704억(-1.6%)에서 2018년 43조 2,181억으로 1.8% 소폭 회복됐던 패션 시장이 2019년 41조 6,441억 원으로 3.6% 감소한 것으로 조사됐다. 2020년도 코로나19의 영향이 지속되면서 3.2% 감소한 40조 3,228억원을 기록했다. 2021년 이후에는 엔데믹으로 인한 야외활동 증가로 매출이 3.0% 증가했고 2022년에는 소비자들의 보복소비로 5.2% 증가하는 등 증가세가 이어지고 있다. 2017년부터 2022년까지 5년간 연평균 성장률은 1.8%로 나타났다.

최근 연속 마이너스 성장을 기록했으나 하반기부터 패딩 등 아우터 제품을 비롯한 캐주얼, 스포츠, 아웃도어 등이 시장은 견인한다면 2021년까지 성장탄력을 받을 수 있다. 따라서 이들 복종의 성장 여부에 따라 국내 패션시장 성장률도 좌우될 것으로 분석된다.

의류(패션)산업은 국내 경기변동에 대한 민감도가 높은 편인데, GDP성장률, 민간소비 증감률 등 주요 거시지표 추이와 유사한 흐름을 보인다. 그러나 최근 의류업의 성장률은 GDP나 민간소비의 증가율을 지속적으로 밑돌고 있다. 2008년 금융위기 이후 비교적 큰 폭의 성장세를 시현하기도 했지만, 2012년 이후로는 급격히 둔화되고 있다. 2015년과 16년에 4%이상 성장을 달성했지만 2017년에 정치적 경제적 상황으로 1.6%감소하는 모습을 보였다. 2019년과 20년에 감소하는 추세를 보이다가[14) 코로나

---

14) 코로나 시대 성장 멈춘 패션 시장, 2020년 39조 4,376억원, -5.3%↓, 패션서울, 2020

엔데믹에는 다시 상승하는 추세이다.

소비자심리지수[1] 추이

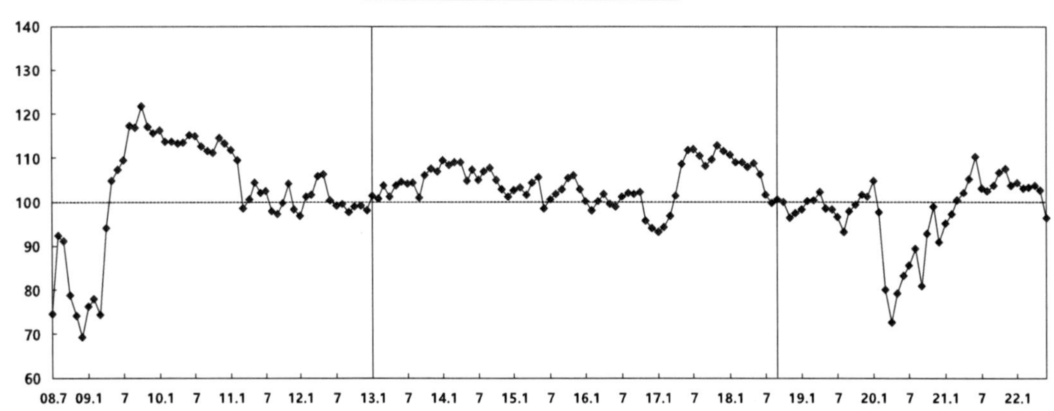

1) 2003~2021년중 장기평균치를 기준값 100으로 하여 100보다 크면 장기평균보다 낙관적임
   을, 100보다 작으면 비관적임을 의미
2) 실선은 표본개편 시점(2013.1월, 2018.9월)을 의미
자료 : 2022년 6월 소비자동향조사 결과, 한국은행, 2022

국내 의류시장은 2006년~2011년까지 연평균 6%의 성장을 기록했지만 2012년부터 저성장 장기화, 소비심리 위축 등에 영향을 받으면서 성장세가 둔화되기 시작하였다. 특히 2015년에는 메르스 사태로 의류시장 성장률이 1%까지 하락하였다. 2016년에는 SPA, 캐주얼 부문의 성장에 힘입어 성장률이 다소 회복되었으나, 2017년 탄핵 정국과 중국의 사드보복으로 국내 의류시장 성장률은 1%대로 저하되었다. 정치적 불확실성 해소와 사드 갈등 완화로 2018년 국내 의류시장 규모는 전년대비 1.5% 성장한 42조 원으로 추산되었다. 2019년부터 2020년까지 팬데믹으로 소비심리가 다시 위축되며 성장세가 더디다가 2021년부터 다시 상승하고 있다. 2022년에는 전년도 대비 5.2%의 상승세를 기록했다.

미중 무역분쟁, 금리인상, 가계부채 증가 등 전반적인 경기 불화용인이 산재되어 있는 가운데, 향후 경기전망 CSI는 2018년 1월 102에서 2018년 12월 72로 대폭 감소하였다. 의류비 지출전망 CSI는 2019년부터 떨어져 2020년 최저치로 떨어졌다. 다만, 저성장 국면에서도 업체별 온라인 유통채널 대응능력과 사업 다각화 전략에 따라 실적은 차별화될 전망이다.

1) 복종별 시장 현황

국내 패션시장에서 규모가 가장 큰 캐주얼복의 경우 스트리트 감성의 패션캐주얼과 스포츠캐주얼의 강세로 2021년 대비 6.7% 상승해 18조원을 넘었다.

복종별로는 캐주얼웨어, 신발, 남성정장, 스포츠웨어 시장이 상승했다. 캐주얼웨어는 국내 패션시장의 가장 큰 비중을 차지하고 있으며 소비계의 큰 손으로 불리는 MZ세대의 기여로 신발시장 또한 성장했다. 특히 코로나19 엔데믹으로 사람들의 야외활동이 증가하면서 소비가 폭발적으로 증가하고 있다.

주요 복종별로 시장현황을 살펴보면 스포츠 복종과 SPA 복종이 여전히 의류시장을 견인하고 있다. 스포츠 복종 중 비중이 가장 큰 정통 아웃도어 시장이 2018년 역시 부진했지만, 라이프스타일형 스포티즘 트렌드를 중심으로 골프웨어, 에슬레저/피트니스웨어, 스포츠웨어 성장 추세가 지속되었다. SPA 시장의 경우 토종 브랜드들의 강세에 힘입어 2018년 전 복종 중 가장 높은 성장세를 시현할 것으로 추정된다.

<복종별 국내 패션시장 규모>

(단위 : 원)

복종		2021년 실적		2022년 실적(추정)		2023년 전망	
		규모	전년비 증감률	규모	전년비 증감률	규모(예측)	전년비 증감률
의류		33조 9227억	8.90%	35조 8185억	5.60%	38조 4153억	7.25%
	남성정장	4조 4536억	14.80%	4조 7258억	6.10%	5조 2196억	10.45%
	여성정장	3조 850억	15.60%	3조 2347억	4.90%	3조 5662억	10.25%
	캐주얼복	17조 4029억	11.50%	18조 5611억	6.70%	20조 2501억	9.10%
	스포츠복	5조 7896억	-3.20%	6조 281억	4.10%	6조 552억	0.45%
	내의	2조 668억	-1.90%	2조 672억	0.00%	2조 475억	-0.95%
	아동복	1조 1247억	23.30%	1조 2016억	6.80%	1조 3824억	15.05%
신발		6조 6681억	9.20%	7조 239억	5.30%	7조 5331억	7.25%
가방		2조 9385억	-4.10%	2조 9363억	-0.10%	2조 8746억	-2.10%
패션시장		43조 5292억	8.00%	45조 7787억	5.20%	48조 8000억	6.60%

그림 33 국내 패션 복종별 시장 규모
자료 : 한국섬유산업연합회

아웃도어 시장의 부진을 견디지 못하고 다수의 브랜드가 철수하였지만 라이프 스타일형 아웃도어의 경우 젊은 층의 패션에 대한 욕구를 충족시키며 높은 성장세를 보이고 있다. 골프의 대중화로 다수의 골프웨어 브랜드가 30~40대를 타깃으로 신규 론칭되어, 가격경쟁력이 우수한 가두점을 중심으로 확대되고 있다.

그러나 골프웨어 시장은 단기간 가파른 성장으로 경쟁심화가 가속화되어 향후 브랜드별 차별화가 나타날 것으로 예상된다. 여성 피트니스 인구가 늘면서 기존 브랜드의 에슬레저 라인이 강화되고, 다수의 새로운 브랜드가 등장하였다. 또, 수상스포츠 등 전문스포츠를 즐기는 레저 인구가 증가하면서 고기능성 스포츠 의류 시장이 주목받고 있다.

국내 SPA 시장규모는 2010년 이후 연평균(CAGR) 17% 증가하여 2018년 5조 원 이상의 매출을 기록했다. 그간 유니클로, 에이치앤엠, 자라 등 해외 SPA브랜드에 의해 시장이 견인되어 온 반면 최근 한국 토종 SPA브랜드가 성장하면서 우위를 점하고 있다. NO재팬의 장기화와 코로나19 등의 여파로 국내 SPA 브랜드를 찾는 소비자가 증가한 것이다. 2021년 기준 국내 SPA브랜드 탑텐이 해외기지 브랜드인 유니클로의 매출을 앞지르며 부동의 1위자리를 국내 브랜드에 넘겨주게 되었다. 탑텐은 2024년까지 매출 1조원 이상을 목표로 전진할 계획이다.

브랜드의 안정적인 성장세와 더불어 국내 브랜드들도 큰 폭으로 성장하여 SPA 시장 성장에 기여하고 있다. 국내 브랜드들은 유통망 확장, 글로벌 브랜드 대비 저렴한 가격, 한국인 체형과 감성에 부합하는 제품 등의 장점을 앞세워 성장세를 지속하고 있다. 또한, SPA 브랜드들에서도 라이프스타일형 스포티즘 트렌드에 맞춰 스포츠웨어 및 에슬레저 라인까지 확장하여 타깃 소비자층을 넓히고 있다.

한편, 글로벌 마케팅 리서치 기업인 칸타에 따르면 2025년 세계 패션시장의 규모는 2020년 대비 20% 증가한 약 427조원에 달할 것으로 전망되며, 이는 SPA브랜드에 의해 창출된 결과일 것이라고 예측했다.[15] 국내 성장세를 이어가고 있는 토종 SPA 브랜드의 세계화를 위한 준비가 필요하다.

---

15) 2025 세계패션시장 20% 증가한 427조... 핵심 성장 동력 SPA와 온라인, Yoo.J.B., 2020

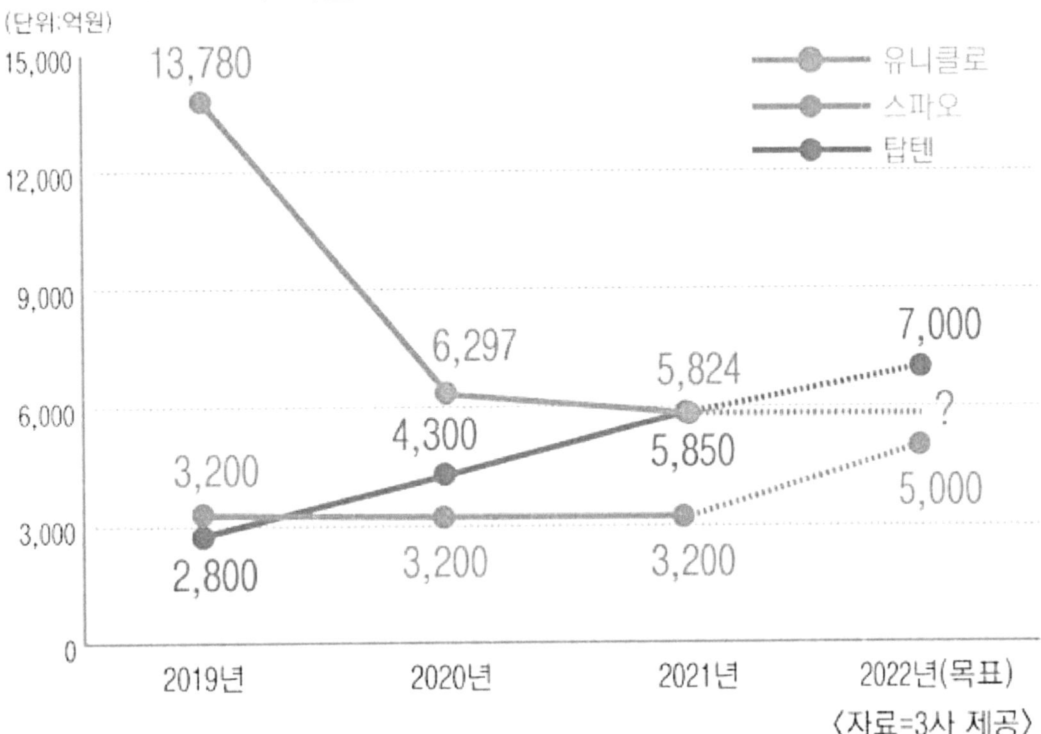

그림 34 SPA 3사 매출 추이
자료 : 한국섬유신문, 2022

2) 유통경로별 시장 현황

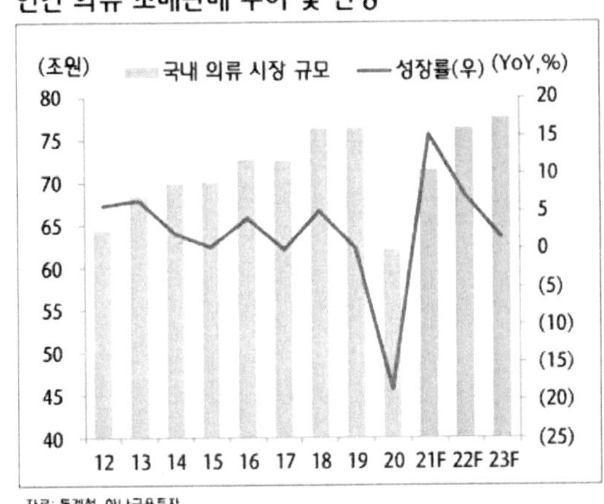

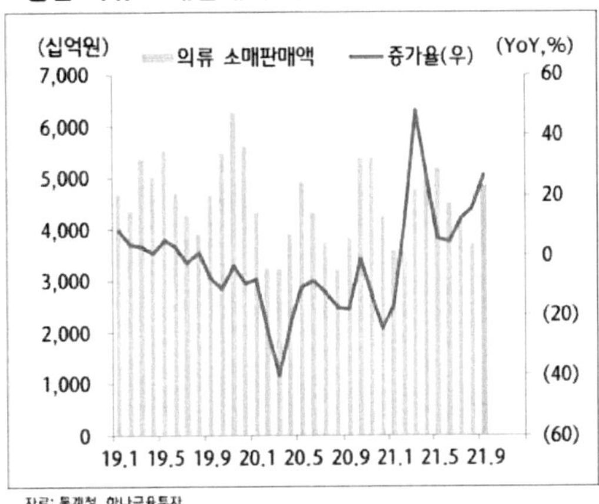

그림 35 연간/월간 의류 소매판매 추이 및 전망
자료 : 통계청, 하나금융투자, 2021

유통경로별 시장 현황을 살펴보면, 코로나19로 인한 기저효과에서 2021년 이후 수요가 회복되며 국내 패션 시장이 2021년에 15%, 2022년 7%로 앞으로도 10% 내외의 성장률로 꾸준히 증가할 것으로 보인다. 자료에서도 연간 의류 소매판매 추이가 향후 2023년까지 성장을 지속하고 있다.

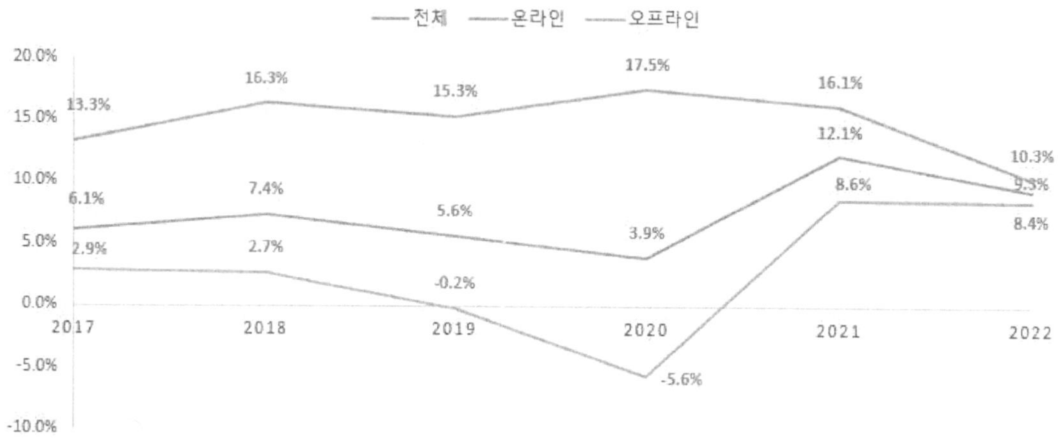

그림 36 유통업태별 매출 증감률 추이(2017년-2022년 상반기)
자료 : '22년 상반기 및 6월 주요유통업체 매출동향, 산업통상자원부, 2022

최근 몇 년 간 패션 유통의 주요 채널의 매출 증감률 추이에서 온라인 유통채널의 매출 성장이 두드러지게 나타남을 확인할 수 있다. 업태별 매출 구성비를 보면 온라인 채널을 통한 매출이 전체의 47.9%를 차지하고 있다. 코로나 팬데믹 이후 백화점과 편의점의 매출이 증가하는 추세이다. 대한상공회의소는 가파른 물가 · 금리 상승과 자산가치 하락으로 소비심리가 위축되고 소비여력이 축소된데다 22년 하반기에도 현 상황이 이어지거나 악화될 수 있다는 불안감 고조에 따른 것이라고 분석했다.

대한상공회의소가 소매유통업체 500개를 대상으로 조사한 소매유통업의 경기전망지수(RBSI)가 22년 3분기에 전분기 대비 15 포인트 하락한 것으로 나타났다. RBSI가 100 이상이면 다음 분기의 소매유통업 경기를 지난 분기보다 긍정적으로, 100 이하이면 부정적으로 보는 기업이 많다는 의미이다.

이 중 편의점은 기준치(100)를 상회했다. 사회적거리두기 완화 및 야외활동 확대, 물

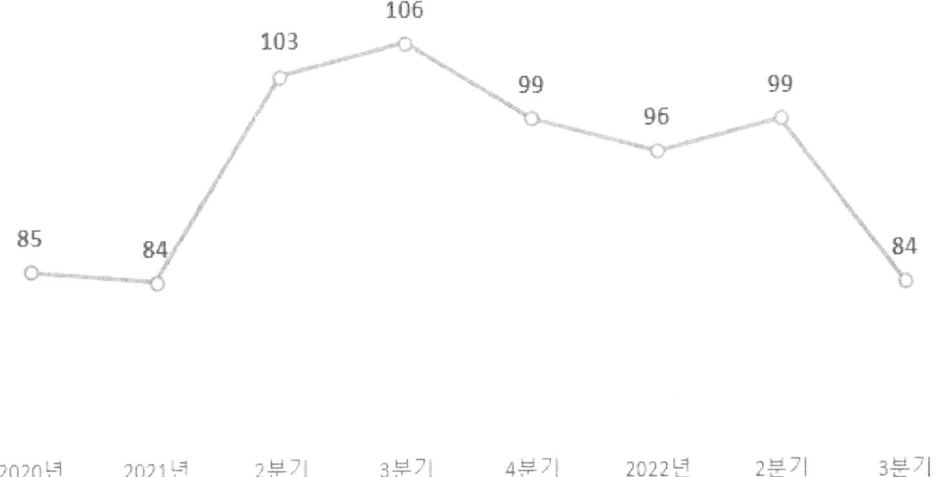

그림 37 2020-2022 소매유통업 경기전망지수(RBSI)
자료 : 대한상공회의소, 2022

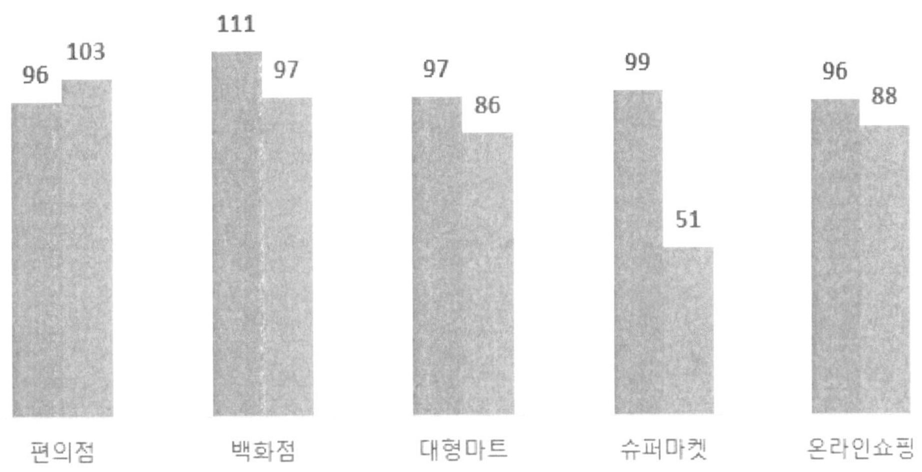

그림 38 2022년 업태별 소매유통업 경기전망지수(RBSI)
자료 : 대한상공회의소, 2022

가상승 등으로 직장인의 가성비 좋은 도시락이나 간편식품 수요가 늘고 PB상품이나 소포장 상품이 매출 상승으로 이어질 것이라는 기대감이 수치로 나타났다.

백화점(97)은 체감경기 하락에도 비교적 경기전망지수가 높았다. 고소득 소비자층의 명품 중심 럭셔리 소비 경향과 리오프닝에 따른 소비심리 회복 및 패션의류 매출이 늘면서 지수의 하락을 방어하고 있는 것으로 분석됐다.

온라인쇼핑(88)은 엔데믹으로 대면소비 증가가 예상되며 두 분기 연속으로 기준치 (100)보다 낮았다.

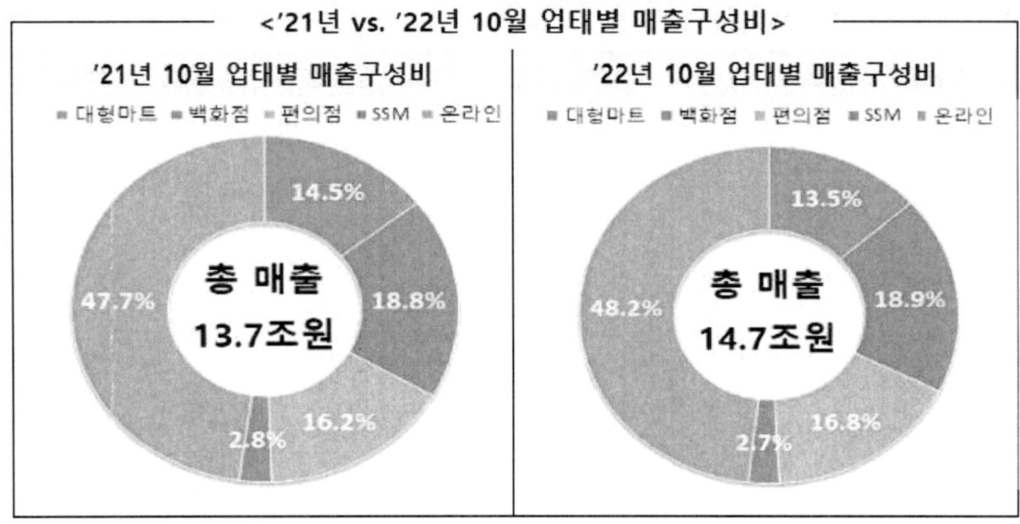

그림 39 2021-2022년 유통업체별 매출 구성비
자료 : 산업통상자원부, 2022

업태별 매출 비중을 보면 2022년 기준 전년도와 오프라인 · 온라인 매출 비중은 유사 했다. 오프라인 업태 중 백화점과 편의점의 매출 비중은 늘고, 대형마트 · 준대규모점 포(SSM)은 감소했다.

| 구분 | 비식품품목 | | | | | | | | 식품 | 합계 |
	잡화	여성 정장	여성 캐주얼	남성 의류	아동 스포츠	가정 용품	해외유명 브랜드	소계		
'21. 6월	△5.4	4.1	4.1	4.9	17.0	△0.5	31.5	12.9	10.8	12.8
7월	△9.2	△9.5	0.9	△0.6	16.5	16.5	18.8	9.5	△2.6	7.8
8월	△2.6	1.5	△6.8	4.5	24.8	25.6	18.6	14.3	4.5	13
9월	12.5	19.3	23.6	27	36.9	17.4	38.1	27.3	11.8	24.3
10월	5.0	7.7	5.4	12.8	19.6	22.2	39.4	21.5	16.9	21
11월	7.3	15	13.3	14.9	25.7	3	32.9	18.9	13.1	18.3
12월	30.6	36.1	48.6	40.5	55.3	14.6	42.8	37.7	28.3	36.5
'22. 1월	31.0	23.7	35.5	38.7	46.3	6.9	46.5	32.7	60.0	37.2
2월	3.2	13.8	1.9	10.8	11.9	9.3	32.5	17.4	△30.3	9.3
3월	△2.4	6.9	△2.7	3.8	12.6	△5.4	21.1	8.7	0.2	7.8
4월	14.7	19.2	22.2	21.2	33.4	6.8	22.5	20.0	10.4	19.1
5월	21.9	22.7	25.3	24.5	30.0	3.1	23.6	20.8	12.4	19.9
6월	14.4	17.8	17.3	18.7	27.4	10.6	19.6	18.1	16.2	18.2

그림 40 2021-2022년 백화점의 상품군별 매출증감률 추이 (단위 : %)
자료 : '22년 상반기 및 6월 주요유통업체 매출동향, 산업통상자원부, 2022

코로나19영향에 대한 기저효과와 거리두기 완화에 따라 백화점을 중심으로 오프라인 매출이 증가했다. 백화점은 전품목에서 판매호조를 보였다. 전체 매출이 18.2% 증가했으며 이 중 아동/스포츠가 27.4%, 남성의류 18.7%, 여성정장 17.8%를 기록했다.

준대규모점포(SSM)는 일상용품과 생활잡화 등 비식품군과 식품군 모두 온라인으로 구매채널이 이동해 전체 매출이 1.9% 감소했다.

2019년			연간	2020년				연간	2021년				연간	2022년	
2분기	3분기	4분기		1분기	2분기	3분기	4분기		1분기	2분기	3분기	4분기		1분기	2분기
0.3	△2.0	△3.6	△1.5	2.1	△10.0	1.6	△6.1	△4.8	△13.9	△5.6	△7.4	△7.0	△9.1	△1.5	△2.3

그림 41 준대규모점포(SSM) 매출증감률 추이 (단위 : %)
자료 : '22년 상반기 및 6월 주요유통업체 매출동향, 산업통상자원부, 2022

2017년 온라인 쇼핑 규모는 전년대비 39.1%나 성장한 91조 3000억 원을 기록하였다. 종합몰, 전문몰은 각각 22.3%, 100.5% 상승하였다. 오프라인 사업자까지 전자상거래 시장에 본격적으로 뛰어들며 가파른 성장을 한 것으로 추정된다.

산업통상자원부에 따르면 오프라인 매출은 매월 1~2% 수준에서 성장률이 고정된 반면, 오프라인 매출 성장률은 15%를 상회하고 있다. 2018년 5월 기준으로 오프라인 매출은 동기대비 1.2% 성장에 그친 반면, 온라인은 17.2% 성장하였다.

한편 온라인 쇼핑몰에서 주목할 점은 국내 패션시장 규모가 계속해서 하락세를 보이는 반면 모바일 패션 플랫폼 월간 이용자가 2021년 기준, 전년 대비 68% 성장한 390만 명을 기록했다는 것이다. 대표적인 국내 패션 플랫폼은 '무신사', '지그재그,' 에이블리', '브랜디' 이며 모두 모바일 앱을 중심으로 기존 온라인 쇼핑몰이 갖는 단점인 교환/반품 서비스를 시간과 비용부담을 줄이는 쪽으로 서비스를 제공하고 있다. 또한 쿠팡, 네이버 등의 대형 업체보다 상대적으로 작은 기업들이 온라인 패션 플랫폼 시장을 주도하고 있다.

2022년 홈쇼핑업계는 매출이 제자리에 머물고 수익성이 크게 떨어질 것이라는 전망이다. 엔데믹 전환 이후 사람들의 야외활동 증가로 홈쇼핑 수요가 줄었고 송출수수료 부담도 커졌기 때문이다. 송출수수료는 2016년 매출의 36.8%에 불과했으나 2021년 60%로 치솟았다. 물가상승으로 소비심리가 위축되면서 가성비 제품에 대한 수요가 늘어남에 따라 홈쇼핑업체들도 차별화된 상품을 내놓고 시장 대응에 나섰다. 생활용품과 주방용품을 출시하고, 중간 유통단계를 줄여 품질은 높으면서 가격이 저렴한 가

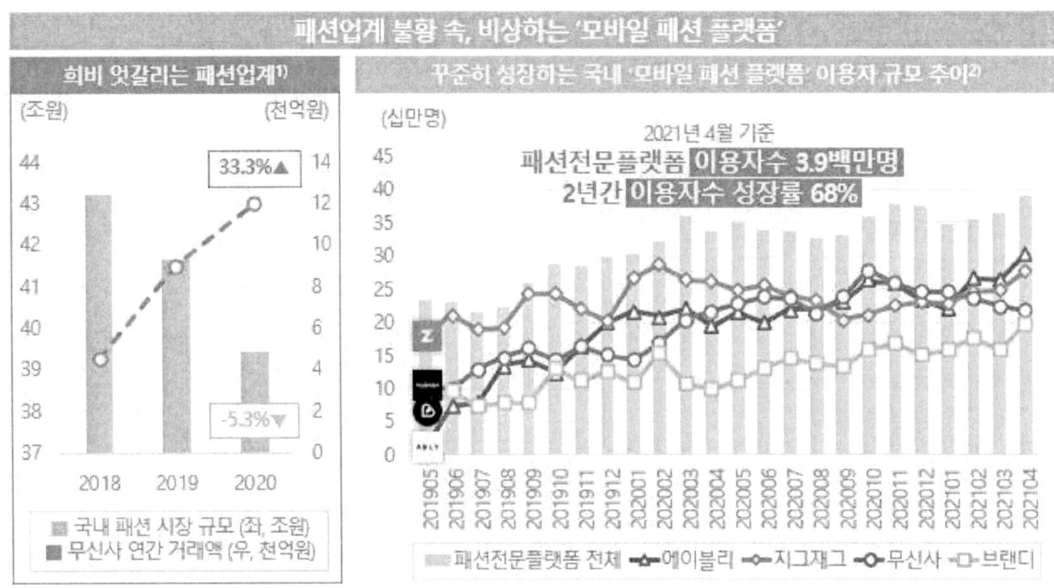

그림 42 국내 모바일 패션 플랫폼 현황
자료 : 닐슨미디어코리아, 2022

성비 좋은 상품출시의 토대를 마련했다.

또한, TV홈쇼핑 비중을 줄이고 MZ세대 공략을 위한 라이브 방송 강화 등 다방면으로 시장을 확대하고자 노력하고 있다. 현대홈쇼핑은 2019년 라이버커머스 플랫폼 '쇼핑라이브'를 설립한 이후 3년간 누적 시청자수 5000만명을 돌파했으며 CJ온스타일과 롯데홈쇼핑도 미디어 커머스 경쟁력을 높이기 위해 라이브커머스 방송을 강화하고 있다. 2021년에는 사회적 거리두기 완화로 외출이 늘어나면서 패션의류 분야가 주종목을 이뤘다. 골프와 캠핑 등 야외 레저 수요가 늘면서 레포츠 브랜드도 순위권에 들었다.

홈쇼핑업계는 방송 제작 환경 개선 및 콘텐츠의 질 향상을 위해 디지털 전환에도 속도를 내고 있다. 인공지능(AI) 성우가 실시간 댓글을 읽어주고 모바일 애플리케이션 기능을 개선하며, 가상현실 솔루션을 도입해 뉴욕 맨해튼의 실제매장 모습을 구현하는 등 다각도로 변화하고 있다.

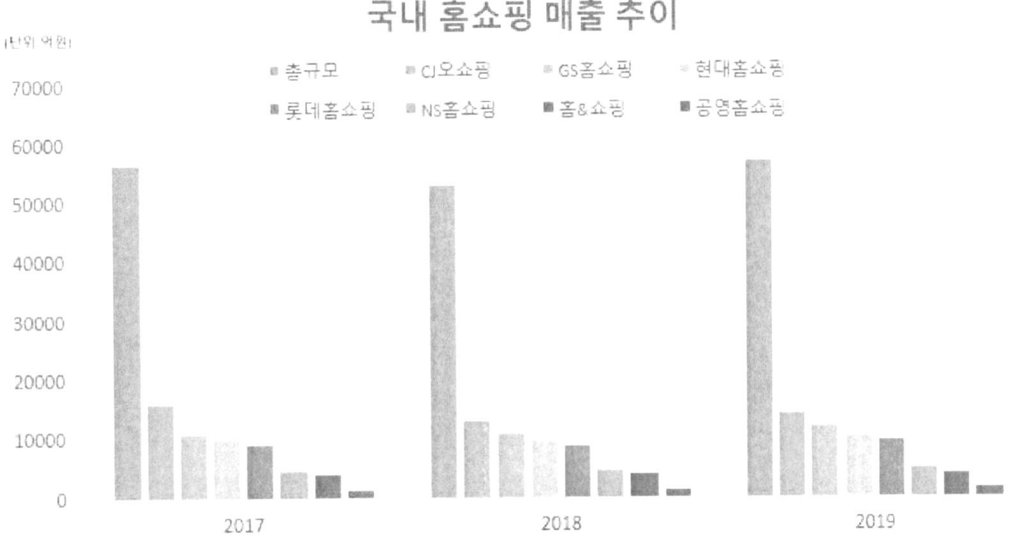

그림 43 국내 홈쇼핑 매출 추이
자료 : 각사 공시자료, 2020

3) 향후 트렌드

의류(패션) 산업의 향후 전망은 다소 성장하기는 하나 비율은 높지 않을 것으로 판단된다. 2021년도 국내 경기는 완만한 회복세를 지속할 것으로 예상되고, 정부의 소비 및 경제활성화 정책 등에 힘입어 민간소비가 회복될 것으로 전망되기 때문이다. 그러나 최근 소비 트렌드가 단순한 상품구입을 벗어나 여행, 레저, 문화 등 체험까지 확대되고 있기 때문에 의류(패션)산업 성장률은 경제성장률 및 민간 소비 성장률보다 낮을 것으로 예상된다.

국내 패션시장 규모는 2021년 43조 5,292억원에서 2022년 한자리수 성장한 45조 7,787억원으로 5.2% 상승했다. 신종 코로나바이러스 감염증으로 위축됐던 소비가 리오프닝 효과와 고마진의 수입상품 수요 증가로 활발해졌기 때문이다. 국내 패션시장은 빠른 일상 회복과 더불어 상,하반기 모두 성장하며, 2년 연속 플러스 성장세를 기록했다. 패션기업의 고급화, 가치화, 차별화 전략에 따른 영업실적의 증가 또한 성장 원인으로 지목됐다. 반면 2023년부터는 강달러에 따른 물류비 증가와 원부자재 가격 인상, 소비경기 침체 때문에 경기 둔화 또는 침체가 우려된다.

2023년 한국 경제성장률은 2022년에 비해 둔화될 전망이며, 현대경제연구원에 따르

< 2023년 한국 경제 전망 >

구 분	2021년 연간	2022년			2023년(E)		
		상반기	하반기(E)	연간(E)	상반기	하반기	연간
경제성장률 (%)	4.1	3.0	2.1	2.5	2.0	2.4	2.2
민간소비 (%)	3.7	4.1	3.2	3.7	2.9	2.6	2.7
건설투자 (%)	-1.6	-4.5	3.0	-0.8	4.0	1.0	2.4
설비투자 (%)	9.0	-6.4	3.0	-1.7	5.2	-1.0	2.0
수출증가율 (%)	25.7	15.6	7.5	11.3	5.0	3.0	4.0
소비자물가 (%)	2.5	4.6	5.3	5.0	3.5	2.6	3.0
실업률 (%)	3.7	3.3	3.0	3.1	3.5	3.1	3.3

주 : 실적치는 한국은행, 통계청, 무역협회, 2022년 하반기, 2023년 전망치는 현대경제연구원.

그림 44 2023년 한국 경제 전망
자료 : 한국경제연구원, 2022

면 2023년 경제성장률은 2.2%일 것으로 보인다. 고용 분야에서는 방역 조치 완화에 따라 시장 수요는 확대되었으나 실업률 또한 낮은 수준을 지속해왔다. 2023년에는 서비스업을 중심으로 신규 취업자 수는 증가되며 실업률은 낮은 수준을 지속할 것으로 예상된다.

국제통화기금(IMF)에 따르면 2023년 세계 경제성장률은 2.7%에 불과할 것으로 전망됐다. 러시아-우크라이나 전쟁과 인플레이션, 물가상승 및 팬데믹의 여파 등이 세계 경제 전망을 어둡게 했다. 코로나19 유행으로 세계적으로 경제 부양을 위한 각국의 막대한 정부지출이 빠른 경제회복을 불러왔지만 급속한 물가상승을 초래했다고 전문가들은 보고 있다.

한국은행은 2023년 국내 경제 성장률에 대해 1.7% 성장이라는 전망치를 내놓았다. 2022년 2.6%에서 0.9% 하향된 수치이다. 물가상승률은 2022년 5.2%에서 2023년 1.5% 떨어진 3.7%로 예상했다.

전망시점	2022년		2023년	
	'22.7.26	'22.10.11	'22.7.26	'22.10.11
세계	3.2	3.2	2.9	2.7
선진국	2.5	2.4	1.4	1.1
미국	2.3	1.6	1.0	1.0
유로존	2.6	3.1	1.2	0.5
한국	2.3	2.6	2.1	2.0
일본	1.7	1.7	1.7	1.6
중국	3.3	3.2	4.6	4.4
인도	7.4	6.8	6.1	6.1
러시아	-6.0	-3.4	-3.5	-2.3

그림 45 IMF 세계 경제성장률 전망
자료 : 연합뉴스, 2022.10

한국섬유산업연합회 자료에 따르면, 국내 패션시장은 2010년까지 10% 이상의 고성장세를 이루다가 2010년 이후 국내 경제성장률이 3% 정도로 정체되면서 패션시장도 함께 정체기를 겪고 있다. 2019년부터 2021년까지는 코로나19에 대한 영향으로 국내 경제성장률과 의류시장이 모두 침체되었으며 2022년 엔데믹 이후 경제성장률 및 의류시장 성장이 다시 오를 것으로 기대된다.

또한 의류비 지출에 대한 소비자 심리를 나타낸 의류비 지출전망 CSI는 2018년 이후

경제 전망

(%)

	2021	2022			2023[e]			2024[e]
		상반	하반[e]	연간[e]	상반	하반	연간	연간
▪ GDP[1]	4.1	3.0	2.3	2.6	1.3	2.1	1.7	2.3
민간소비	3.7	4.1	5.3	4.7	4.3	1.3	2.7	2.2
설비투자	9.0	-6.4	2.7	-2.0	0.7	-6.7	-3.1	3.6
지식재산생산물투자	4.4	4.6	4.8	4.7	3.5	3.6	3.6	3.6
건설투자	-1.6	-4.5	-0.4	-2.4	2.4	-2.4	-0.2	0.7
상품수출	10.5	6.0	0.9	3.4	-3.7	4.9	0.7	3.3
상품수입	12.8	5.3	6.4	5.8	2.0	-1.2	0.4	2.9
▪ 취업자수 증감(만명)[1]	37	94	70	82	8	9	9	15
▪ 실업률	3.7	3.2	2.7	3.0	3.6	3.2	3.4	3.3
▪ 고용률	60.5	61.6	62.5	62.1	61.5	62.5	62.0	62.1
▪ 소비자물가[1]	2.5	4.6	5.6	5.1	4.2	3.1	3.6	2.5
식료품·에너지 제외	1.4	3.1	4.0	3.6	3.4	2.3	2.9	2.0
농산물·석유류 제외	1.8	3.6	4.6	4.1	4.2	3.0	3.6	2.4
▪ 경상수지(억달러)	883	248	2	250	20	260	280	480

주: 1) 전년동기대비

그림 46 국내 경제전망 추이
자료 : 경제전망보고서, 한국은행, 2022

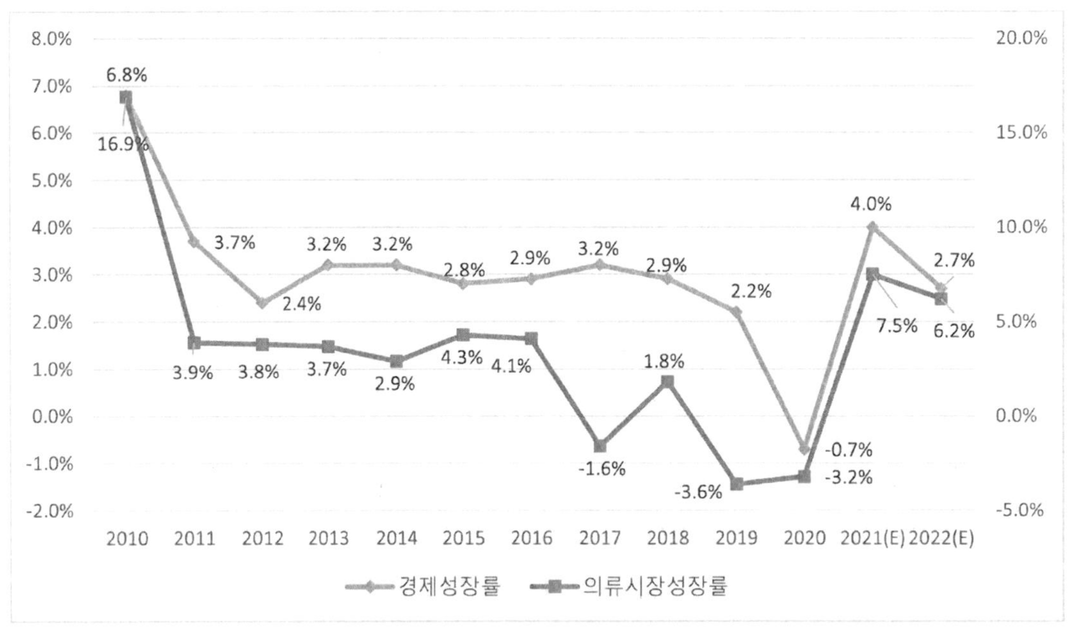

그림 47 국내 경제성장률 및 의류시장 성장률 추이
자료 : 한국은행, 한국섬유산업연합회, 기업공시채널-한국거래소
로 지속적인 하락세를 보이고 있다. 2022년 8월은 기준치 100보다 낮은 91의 수치를

기록했다.

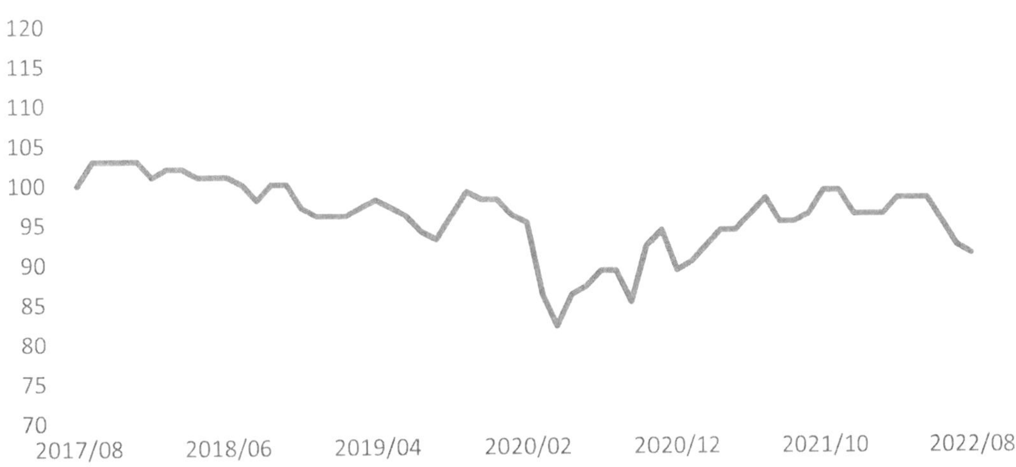

그림 48 의류비 지출 전망 CSI
자료 : 한국은행, 기업공시채널-한국거래소

의류 제조업의 경우 의류(패션)업과는 달리 소비국인 미국과 유럽 등 선진국의 경제상황과 환율에 크게 영향을 받는다. 세계 경기는 원/달러 환율의 변동성이 높아 사업환경에 대한 불확실성은 존재해 의류 제조업 전반의 영업실적은 전년과 비슷하게 유지할 것으로 예상된다. 대형업체 중심의 안정적인 수주물량 확보로 매출액 성장세 및 안정적인 수익기조가 지속될 것으로 예상되고, 단기적인 생산설비 증설 가능성이 높지 않아 재무안정성이 개선될 여지가 있기 때문이다.

가) 온라인 패션 시장 성장

세계적 컨설팅 회사인 보스턴컨설팅그룹(BCG)에 따르면 2021년 국내 이커머스 시장이 140조원이었다면 2025년에는 220조원에 이를 것으로 전망했다. 현재는 오프라인 시장이 온라인보다 우위에 있지만 2025년에는 이커머스 시장이 오프라인 시장을 앞질러 전체 유통시장의 55%에 이를 것으로 예상됐다.

최근 온라인 패션시장은 패션 플랫폼 위주의 마케팅으로 옮겨가는 모양새다. 코로나19 장기화로 소비 트렌드가 비대면으로 넘어가면서 특정 카테고리 제품을 전문을 판매하는 전문몰, 일명 버티컬 커머스 플랫폼이 성장하고 있다. 업종도 다양해져서 브랜드 패션만이 아니라 명품부터 보세패션을 취급하는 다양한 패션 플랫폼이 등장하고

있다. 온라인 패션 플랫폼을 주도하는 곳은 무신사, 에이블리, 지그재그, 브랜디, W컨
셉 등이며 이들의 전체시장 대비 비중만 2021년 기준 21%에 이른다.

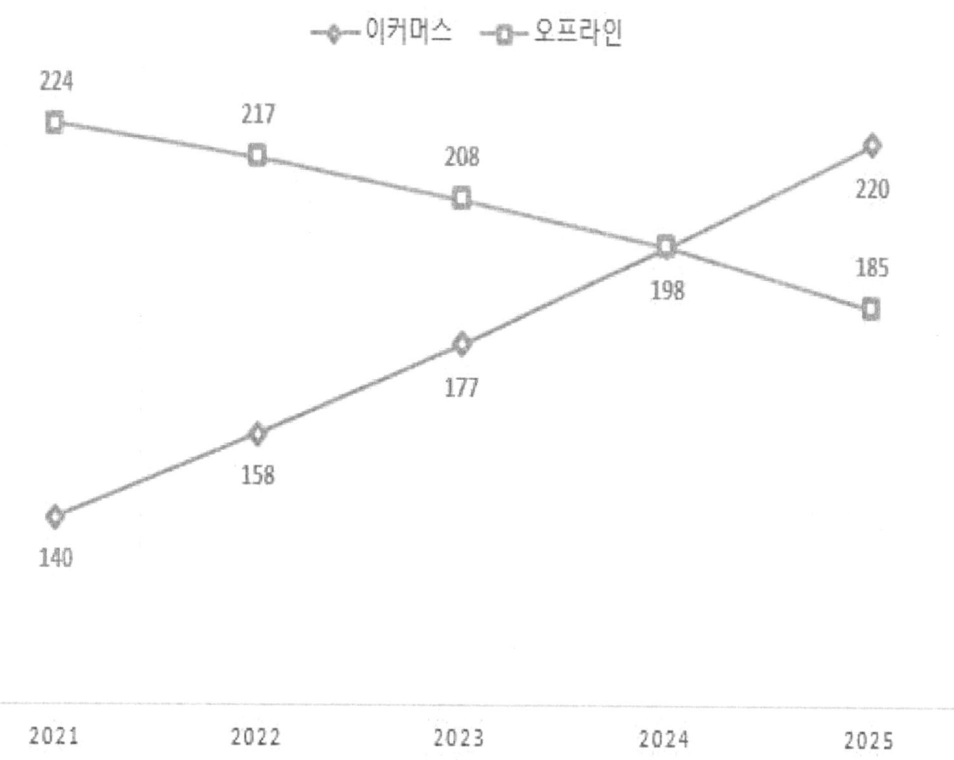

그림 49 국내 온·오프라인 시장 전망
자료 : 보스턴컨설팅 그룹

국내 쇼핑 플랫폼 현황

플랫폼	무신사	W컨셉	지그재그	브랜디
가입자 수	900만명	500만명	–	500만명
누적 거래액*	–	–	–	–
다운로드 수	–	–	3200만건	1500만명
특징	-자체 콘텐츠 -전용 상품	-신세계 인수 -디자이너 브랜드	-카카오 인수 -개인화 추천	-하루배송 -2만3천 셀러

플랫폼	에이블리	머스트잇	발란	트렌비
가입자 수	–	208만명	–	91만명
누적 거래액*	–	–	1400억원	–
다운로드 수	–	–	120만명	–
특징	-2천만 리뷰 -개인화 추천	-오픈 마켓 -가품 배상	-네이버 투자 -당일 배송	-최저가 스캔 -가품 배상

*누적거래액: 업체별 최근 거래액 기준
자료: 각 사 및 업계

그림 49 국내 쇼핑 플랫폼 현황
자료 : 뉴시스, 2021

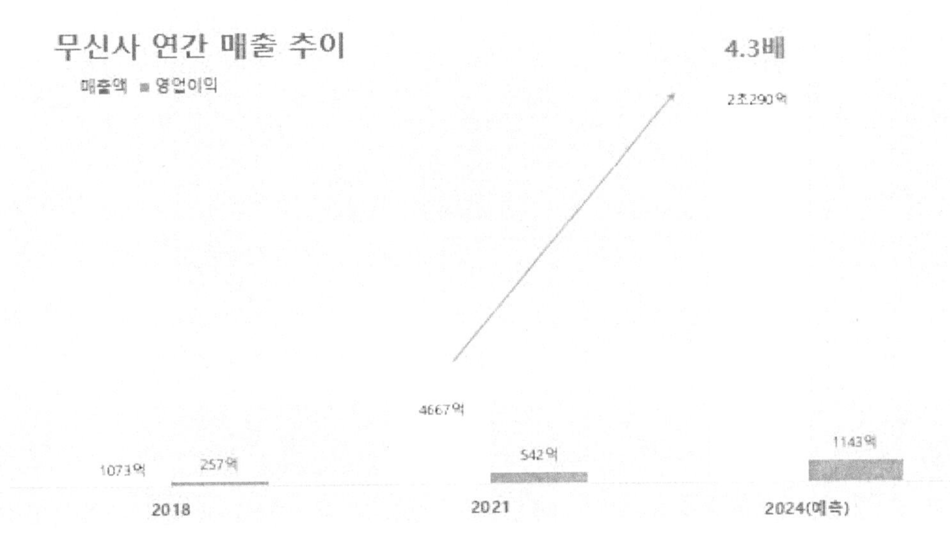

그림 50 무신사 매출 전망
자료 : 무신사

현재 국내 1위의 온라인 패션 플랫폼은 무신사가 차지했다. 무신사는 2021년, 전년 대비 41% 증가한 매출 4667억원을 달성했으며, 평균 성장률을 바탕으로 2024년에는 2021년 매출의 약 4.3배를 기록할 것으로 추정된다.

또한, 점차 오프라인과 온라인 및 모바일의 경계가 모호해지는 추세로, 오프라인에서는 압구정동, 가로수길, 홍대, 명동 등의 트렌드 주도적인 상권의 대형 플래그쉽 스토어에서 트렌디한 패션 제안과 경험을 제공하고, 이후 소비자들의 온라인과 모바일에서 구매확대를 유도하고 있다.

　　　　나) 해외 직접 판매 및 구매

2022년 2/4분기 온라인 해외 직접 판매액은 전년 동분기 대비 58.6%(7,170억원) 감소한 5,060억원을 기록했다. 국가별로는 중국(-65.8%)과 미국(-25.7%) 등에서 감소했으며 상품군별로는 화장품(-67.3%)과 의류 및 패션 관련 상품(-16.6%) 등에서 감소한 것으로 나타났다.

2022년 2/4분기 온라인 해외 직접 구매액은 전년 동분기대비 16.1%(1,808억원) 증가한 1조 3,021억원을 기록했다. 국가별로는 중국(44.4%)과 미국(6.4%) 등에서 증가했으며 상품군별로는 의류 및 패션 관련 상품(21.4%), 음ㆍ식료품(12.1%) 등에서 증가한 것으로 나타났다.

　　　　다) 경험 소비

소비자들은 단순히 물건을 구매하기 위한 소비보다, 경험을 동반한 소비에 대해 높은 만족도를 느끼고 있다. 최근 SNS의 발달로 자신의 일상을 공유하는 소비자들이 늘어나면서 만족스러운 소비경험에 대한 소비자들의 니즈가 커지고 있다. 남들과 공유하고 싶은 소비를 찾아 직접 경험하고 이를 알려주는 행위 자체를 즐기는 것이다.

최근 대규모 스포츠 브랜드들은 강남 등지의 플래그쉽 스토어에서 피트니스, 요가 클래스 등을 운영하고 있고, 마라톤 대회 등을 개최하면서 소비자의 운동 경험이 자사 브랜드 구매로 이어지도록 유도하고 있다.

그림 52 2022년 해외 직접 판매/구매액 현황
자료 : 2022년 6월 온라인쇼핑 동향, 통계청, 2022

또한 주요 상권에 라이프스타일 등의 복합 문화공간을 설치해 이곳에서 동사의 브랜드와 상품들을 이용한 소비자의 DIY를 유도함으로써 향후 구매를 유도하고 있다. 소비자가 공감할 수 있는 스토리와 체험을 제공하고, 이러한 소비자의 경험이 구매로 연결될 수 있게 하는 것이다. 이 과정에서 다변화된 유통채널 간의 시너지 효과가 개별 업체 실적에 어떠한 영향을 미치게 될지 주목하고 있다.

특히 소비 유행을 이끄는 MZ세대는 상품보다 경험을 중시하며 브랜드 충성도가 낮은 특성을 가진다. 구매, 탐색, 공유와 같은 직접 경험뿐 아니라 브랜드, 사회분위기 등의 간접 경험까지 고객이 원하는 경험을 제공하는 것이 뉴노멀 소비 시대에서 기업

경쟁력을 결정할 것이다.

라) 가치 소비

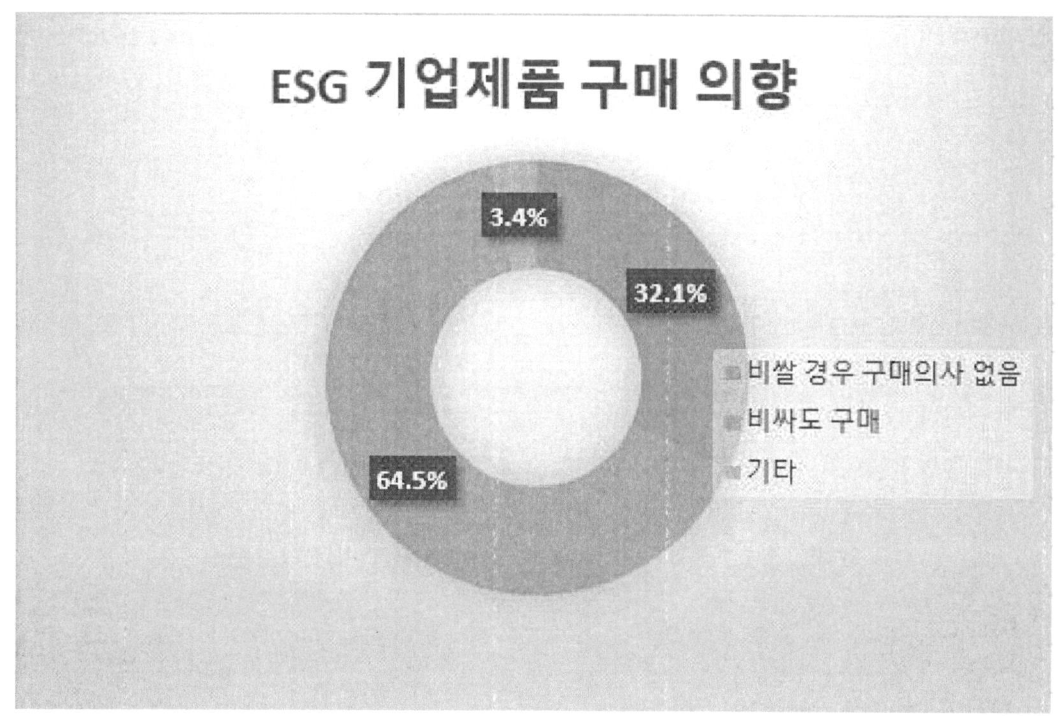

그림 53 ESG 기업제품 구매 의향
자료 : 대한상공회의소, 2022

새로운 소비 주체로 부상한 MZ세대들은 제품 구매 시 기업의 ESG경영 실천여부를 중요하게 인식하는 것으로 조사됐다. 대한상공회의소가 최근 실시한 설문조사에서 10명 중 6명꼴로 착한기업의 제품이 더 비싸더라도 구매하겠다고 응답했다.

특히 MZ세대는 '가치소비를 반영하는 신조어 중 가장 중요하다고 생각하는 개념이 무엇이냐'는 질문에 '가심비'(46.6%)를 가장 많이 선택해 제품 구매시 성능보다 심리적 만족을 중요시하는 것으로 분석됐다. 여기서 '가심비'는 '가격대비 심리적 만족 추구'를 의미한다. 이밖에 '가격, 품질 외 요소 통해 개인신념을 표출한다'는 의미인 '미닝아웃'이 28.7%로 높게 나타났고 '돈으로 혼내주는 구매운동'이란 뜻의 '돈쭐'이 10.3%로 나타났다.[16]

---

16) MZ세대가 바라보는 ESG경영과 기업인식 조사, 대한상공회의소, 2022

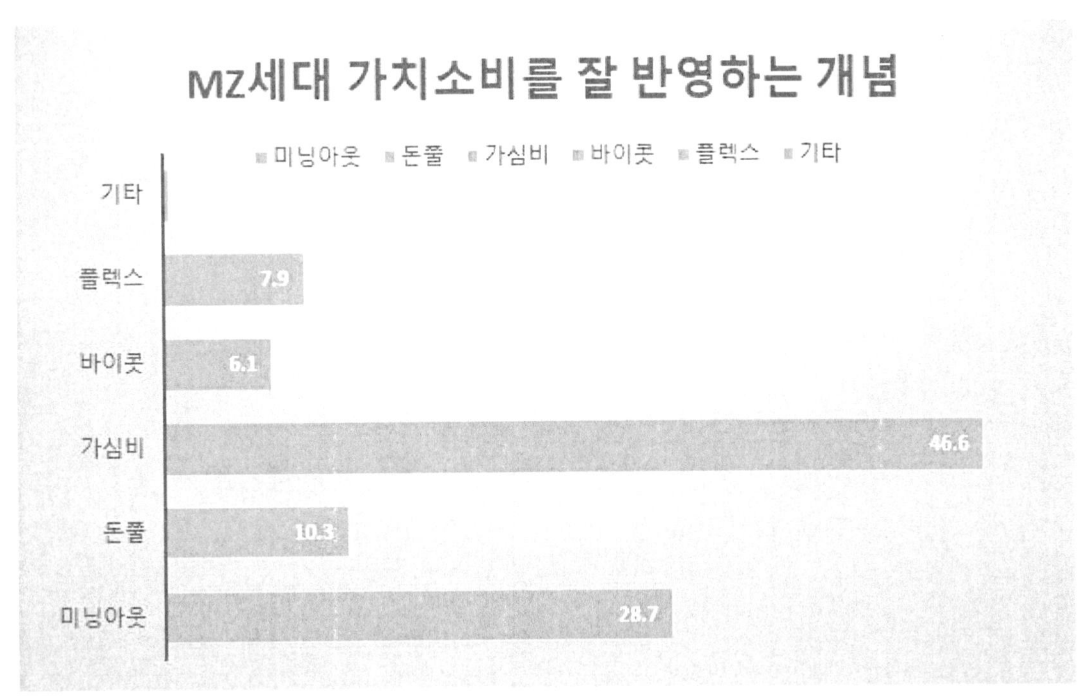

그림 54 MZ세대 가치소비를 잘 반영하는 개념
자료 : 대한상공회의소, 2022

또한 2021년 형지엘리트가 10대 청소년을 대상으로 실시한 온라인 설문조사에 따르면, 설문 참여학생의 27%는 친환경 포장재를 사용한 제품을 구매하거나 다회용기를 이용하는 등의 '친환경 소비'를 실천하는 것으로 조사됐다. 10명 중 9명이 착한 소비의 필요성을 느끼고 앞으로 더욱 다양한 착한 소비에 동참할 계획이라고 답했다.

MZ세대의 이러한 움직임은 전연령대로 이어져 시니어 소셜벤처 임팩트피플스가 2021년에 조사한 설문조사에 따르면 50세 이상 신중년의 75.9%가 친환경 패션을 구매할 의향이 있는 것으로 조사됐다. 또한 가장 관심 있는 '친환경 의류 소비 성향' 문항에서는 35.8%가 '지속 가능한 패션(생산과 소비의 최소화 과정을 위한 에코 패션)'을 선택했다. 최근 SPA 브랜드 및 다양한 패션기업이 환경단체 승인 소재 사용이나 사회적 약자 대상 프로그램 제공, 헌 옷 의류 수거 시스템 등 지속 가능한 사회를 위한 다양한 노력을 하고 있다. 이러한 사회 분위기에 따라 향후 소비자들의 가치 소비 형태는 더욱 확산될 것으로 보인다.

마) 의류시장 세분화 및 의류산업 경계 확장

소비양극화와 가치소비 트렌드에 따라 의류시장이 더욱 세분화되면서도, 의류산업의 경계는 더욱 확장되고 있다. 세분화된 시장에서는 동일 복종, 동일 브랜드 내 일지라도 타깃 대상별 라인 분화 여부 및 아이템별 유동망 차별화 여부 등에 따라 개별 업체의 실적차별화가 이루어질 것으로 예상된다.

한편 의류산업은 의복에만 한정되었던 경계가 무너지고 있으며, 다양한 경험을 원하는 소비자들의 라이프스타일 트렌드가 중시되고 있다. 의류 구매에 한정되지 않고 홈 퍼니싱, 컬쳐, 뷰티, 건강 등까지 경험할 수 있는 컨텐츠 확장이 앞으로 활발히 전개될 것으로 예상된다.

　　　　바) 중고 의류 시장

중고 의류 시장이 글로벌 붐으로 확산되고 있다. 글로벌 의류 전체 시장보다 3배 빠른 속도로 확산하고 있으며 오는 2026년까지 127% 성장하여 2,180억 달러에 이를 것으로 전망된다. 지역별로는 미국이 전체 의류 시장의 8배, 아프리카, 남미가 각 4배, 아시아와 호주가 3배, 유럽이 2배에 달할 것으로 예상되고 있다.

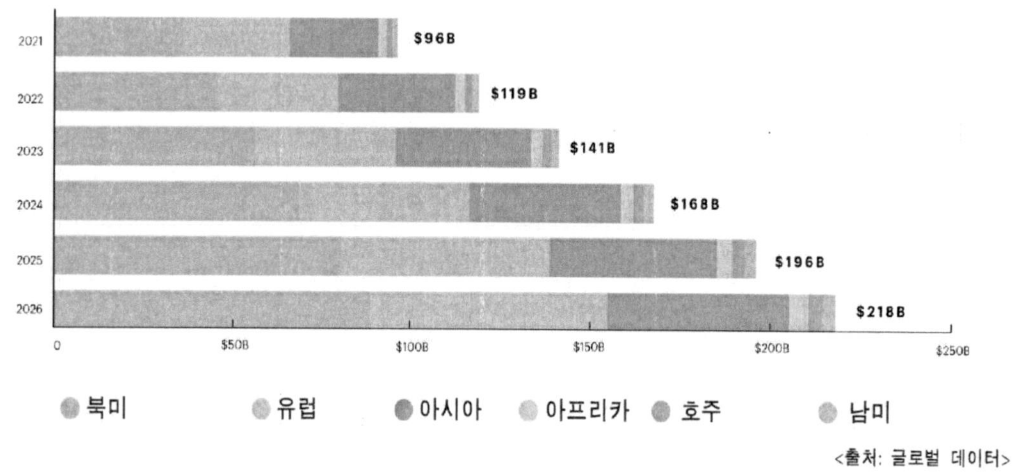

그림 55 중고 의류 시장 성장 전망
자료 : 글로벌 데이터

의류 구입시 가장 먼저 중고의류를 찾는 소비자는 전체의 41%로 집계됐다. 이 중

MZ세대는 62%가 중고의류를 검색했다. 최근 인터넷과 모바일에는 중고의류를 전문적으로 다루는 패션 플랫폼이 생겨나고 있다. 중고 의류를 깨끗이 새탁해 새 옷처럼 온라인에서 판매한다는 점에서 오프라인 구제시장과는 차별성이 있다. 나이키에서부터 구찌 같은 명품에 이르기까지 다양한 품목이 다루어지고 있다. 품목별로는 여성복과 아동복 순으로 거래가 많다.

중고 패션시장은 코로나19 사태 이후 '나만의 가치'를 중시하는 '가치소비' 문화가 확산되고 세계적 인플레이션의 여파로 인해 더욱 커지는 모양새다. 명품 기업도 중고시장에 관심을 기울여 구찌와 버버리 그룹에서는 소비자의 제품을 되사 이를 재판매하거나 사들인 제품을 다른 중고 거래 플랫폼으로 직접 보내 협업하고 있다. 국내에서는 백화점 업계에서 중고거래 플랫폼에 뛰어들었다. 현대백화점은 2022년 9월, '세컨드 부티크'(Second Boutique)를 신촌점 유플렉스에, 또 같은달 미아점 1층에 중고 명품 전문 브랜드 '럭스 어게인'을 개장했다. 롯데백화점과 신세계백화점도 중고 명품 거래 팝업스토어와 플랫폼 투자에 나섰다. 중고거래 시장이 향후 높은 성장세를 보이는 만큼 많은 소비자를 공략하는 한편, 브랜드 승인, 정품인증 등의 과제를 해결하고 온라인 사기거래를 예방해가는 방향으로 가야 할 것이다.

나. 해외

글로벌 컨설팅 그룹 맥킨지 보고서에 따르면, 2023년에는 패션 시장 경기가 더 어려워진다고 분석했다. 맥킨지는 2023년 글로벌 패션 성장 전망을 명품분야 5~10%, 나머지 전체 패션은 -2%에서 +3% 사이의 성장률을 보일 것으로 예상했으며 불확실성이 많아 성장폭을 넓게 예측했다고 밝혔다. 또한 국제적 인플레이션의 영향으로 비명품의 수요는 줄어드는 반면 명품의 수요는 늘어나 판매 괴리 현상이 생길 것으로 전망했다. 비명품시장은 중국 2~7%, 미국 1~6%, 유럽은 마이너스 1~4%로 예측됐다.

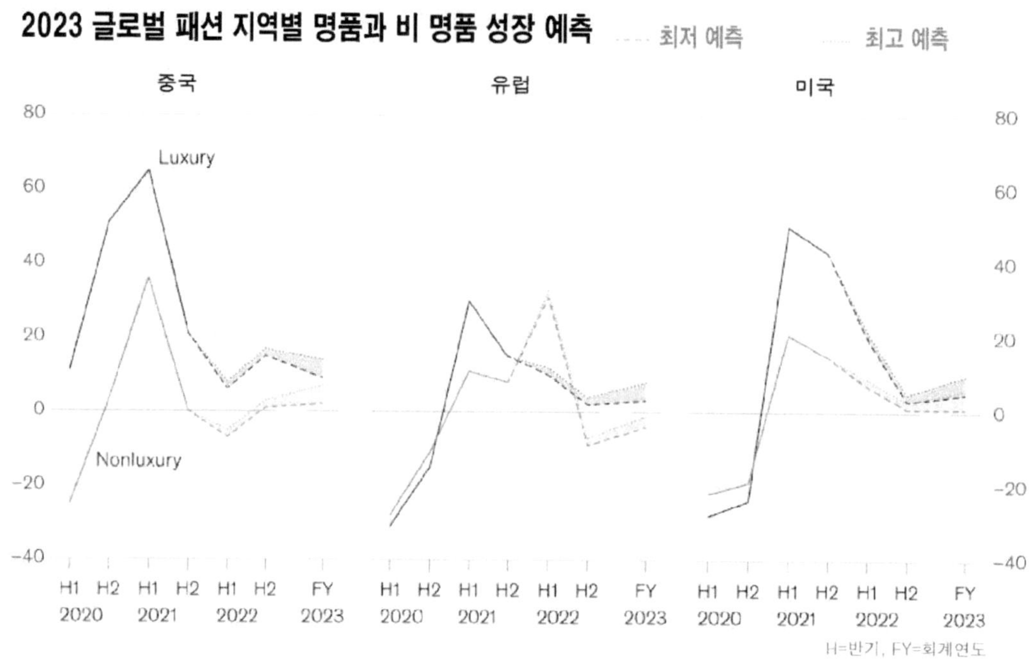

그림 56 2023 글로벌 패션 시장 성장 전망
자료 : 맥킨지

한편, 독일 시장조사업체인 스태티스타는 '디지털 시장 전망 2020' 보고서에서 온라인 패션시장의 성장을 예상했다. 전세계패션 전자상거래 시장의 규모가 2019년 약 5251억달러(609조 9037억원)에서 2024년 9530억달러로 5년간 2배 이상 매출이 증가할 것으로 전망했다.

의류가 전체에서 가장 큰 비중인 50% 이상 증가할 것으로 내다봤으며 신발 품목의 증가율이 가장 높은 63.1%로 성장할 것으로 예상했다. 품목별로 보면 시장, 신발·액세서리, 의류 순으로 증가세가 높을 것으로 보고 있다.

TechNavio의 2022년 보고서에 따르면 세계신발 시장 규모는 2023-2027년간 1,330억 9,000만 달러로 확대되고, 예측 기간에 연평균 복합 성장률(CAGR)은 5.69%를 나타낼 전망이다. 세계 신발시장의 성장은 개도국과 저개발국의 경제성장에 따라 고급 신발의 수요가 늘어났기 때문으로 시장 조사 전문 기관인 스태티스타와 마켓 워치에서는 향후 몇 년간 신발 시장이 지속적으로 성장할 것이라고 발표했다.

국가별로 살펴보면 미국과 중국이 전 세계 패션 매출의 절반 가까이 양대 산맥을 형성하고 있는데, 중국의 패션 시장 규모는 5년 전에 비하면 21.3% 성장한 것으로 미

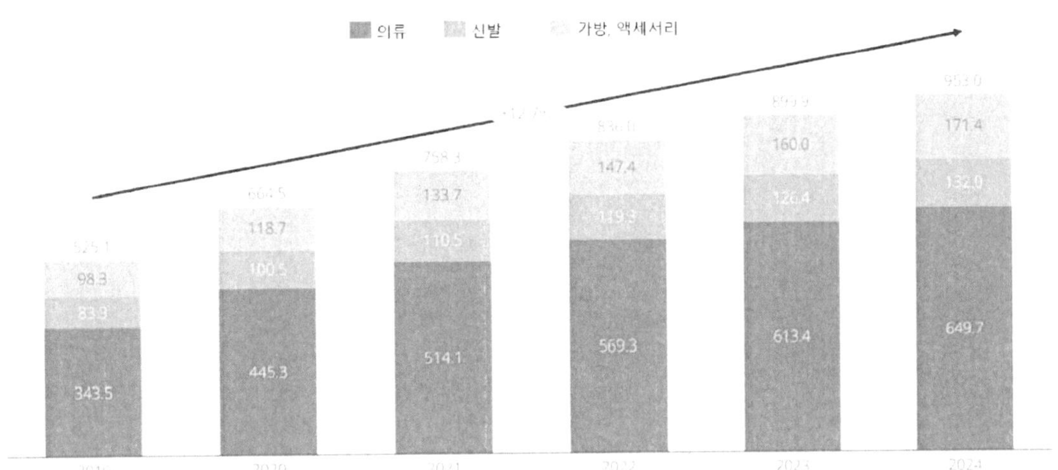

그림 57 세계 온라인 패션시장 전망
자료 : 스태티스타, 2020

국을 놀라운 속도로 추격중이다. 특히 아동복이 5년 동안 52.7% 증가하여 성장을 주로 견인했다. 패션시장이 가장 빠르게 성장 중인 국가는 인도로, 5년 전에 비해 32.7% 증가했다.

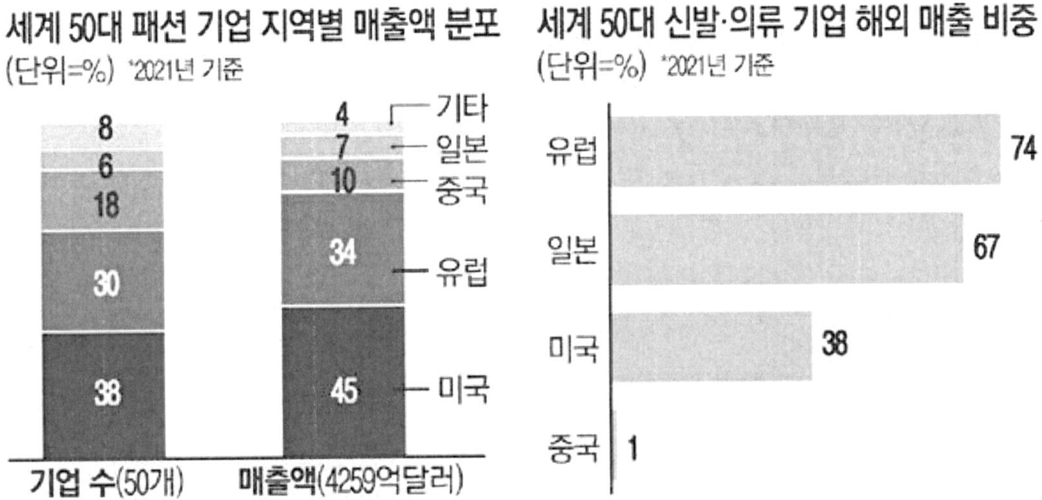

그림 58 세계 50대 패션 기업 현황
자료 : 매일경제, 2022

2024년에는 중국과 인도가 미국과 함께 3대 거대시장으로 부상하게 될 전망이며 또한 인공지능, 사물인터넷, 가상현실 등 4차 산업혁명 열풍은 패션사업 패러다임 변화를 이끌 것으로 판단된다. 디자인 감성이었던 패션산업은 아마존, 구글의 패션산업에 대한 관심과 함께 ICT융합, 데이터 기반 플랫폼 혁신 산업으로 급부상하고 있다. 이

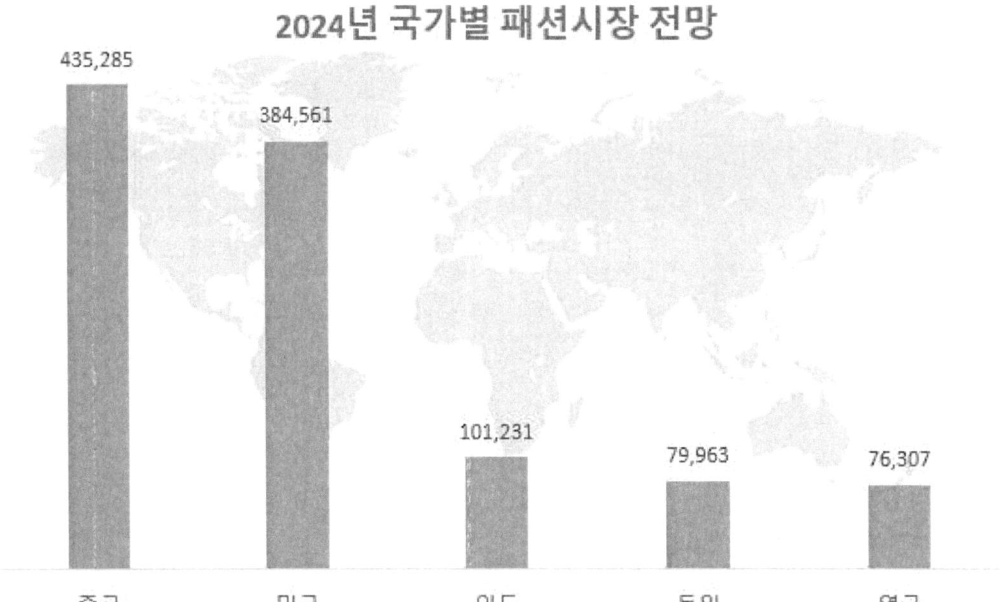

그림 59 2024년 국가별 패션시장 전망 (단위: 1000달러)
자료 : 유로모니터인터내셔널, 2020

에 국내 패션업계는 전략의 일환으로 해외시장 확대에서 적극적으로 나서야 한다. 따라서 본 장에서는 글로벌 패션시장 규모와 전망에 대해서 알아보도록 한다.

1) 미국

글로벌 패션시장에서 미국은 관련 산업이 활발하게 움직이고 있을 뿐만 아니라 큰 시장규모를 자랑하고 있어 디자이너들에게는 다양한 기회 및 잠재력을 지닌 시장이기 때문에 해외시장으로 진출하고자 하는 한국 패션 디자이너 브랜드에게 매력적인 시장이라고 할 수 있다.

빠른 경제 성장을 보이고 있는 중국이 최근 글로벌 패션시장에서도 두드러진 성장을 나타내고 있지만 지난 10여 년간 경제성장과 함께 지속적으로 다양한 산업분야에서 큰 성장을 보이고 있는 중국을 고려하고 보더라도 미국은 여전히 전 세계에서 가장 중요한 의류시장 중 하나이다.

세계의류 시장에서 급속도로 성장중인 중국은 2015년 172 달러에서 2025년 435달러로 크게 성장할 것으로 보이나 미국이 2015년 1인당 의류 지출 규모가 978달러에서

2025년 1,116달러까지 커질 것으로 예상하고 있어 국민 1인당 의류 지출규모면에서 미국이 압도적으로 큰 규모를 갖고 있다.

주요 시장의 1인당 의류 지출규모를 살펴보면 일본은 2015년 736달러에서 2025년 855달러로 캐나다는 2015년 683달러에서 2025년 768달러로, 유럽연합은 693달러에서 766달러로 상승할 것으로 예측하고 있다.

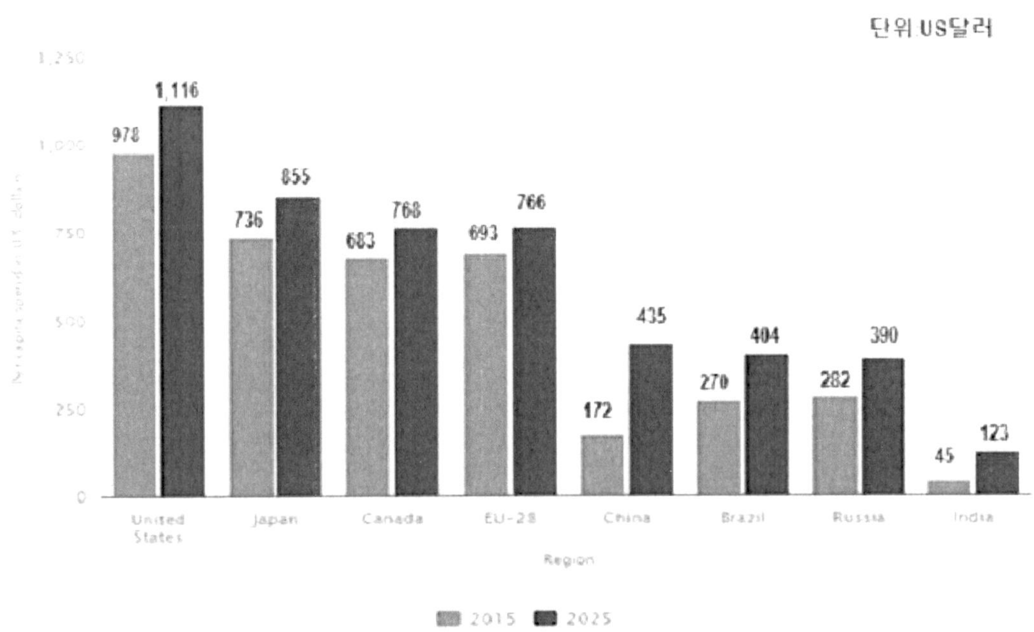

그림 60 미국인 1인당 의류 소비지출규모
자료 : 스태티스타

BIS world의 보고서에 따르면 미국의 편직물 의류시장 규모는 최근 5년간 연평균 3.5%씩 하락했으며 코로나19 여파로 인해 2020년에는 10.4%가 감소했다. 엔데믹으로 2021년 이후에는 경제가 다시 회복되면서 9.1% 상승했다. 2022년에도 3.6% 이상 성장할 것으로 보여진다. 2022년 편직물 의류시장 규모는 2억 5,980만 달러(3,741억 1,200만원)로 증가할 전망이다.

미국은 또한 세계적으로 성장한 글로벌 패션 마켓으로 뉴욕과 로스앤젤레스, 애틀랜타를 중심으로 쇼룸이 가장 많은 3대 도시로 뽑히고 있어 명실상부한 글로벌 패션 마켓이다. Makinsey에서 발간된 'The State of Fashion 2017'에 따르면 뉴욕과 로스

앤젤레스, 도쿄는 2025년까지도 가장 큰 패션시장 상위 10위권에 계속하여 속할 것으로 보았다.

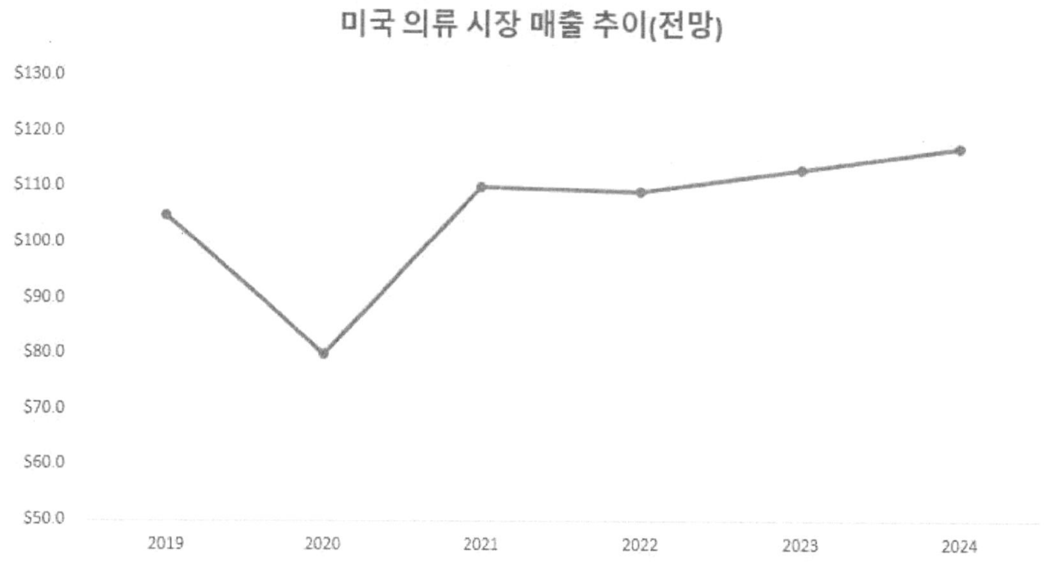

그림 61 미국 의류 시장 매출 추이 (단위 : 10억 달러)
자료 : NPD그룹

NPD 그룹의 'What's rocking retail sales?' 보고서에 따르면 팬데믹 이후 인플레이션으로 인해 저소득층을 중심으로 의류 소비가 감소됐으며 소비자층의 의류 구매는 계속되지만 타깃 쇼핑이 늘어나고 있다고 분석했다. 이에 2022년 미국의 의류 판매는 2021년보다 낮은 수준이겠지만 2019년 보다는 높을 것으로 예상했다.

2022년의 의류 매출은 10.8%가 증가했으며 팬데믹 이전(2019년)에 비해 8.4%가 증가했다. 신발 시장은 여성 신발은 4% 증가, 남성과 아동 신발은 각각 6%, 12%가 감소했다.

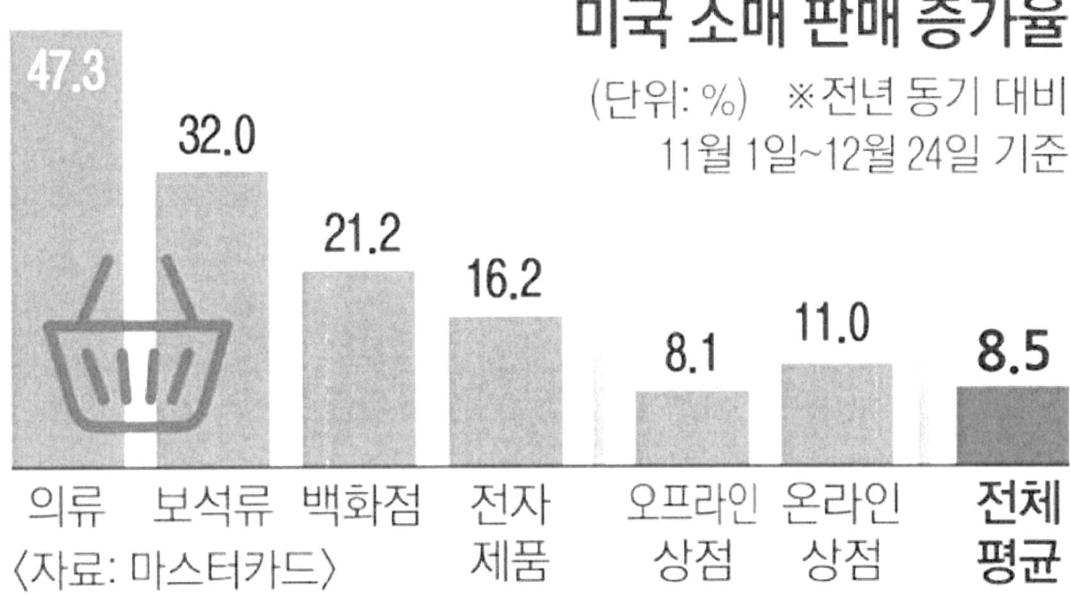

그림 62 코로나19 이후 미국 소매 판매 증가율
자료 : 마스터카드, 2021

코로나19의 급속한 확산과 물류대란에서도 미국 소매 판매 매출이 증가했다. 팬데믹 이전(2019년)에 비해 소매 판매가 10% 이상 증가했다. 마스터카드 스펜딩펄스 보고서에 따르면, 2021년 12월의 소매판매는 2020년 12월보다 8.5% 늘었다. 분야별로 보면 의류 매출 증가율이 47.3%로 가장 높았다. 코로나19에 대한 '보복소비'와 인플레이션도 소매 판매 증가에 영향을 주었다. 다만, 오미크론 변이 확산에 소비자들이 소비를 줄이려는 경향이 보이는 만큼 장기간 소비증가로 이어지진 않을 전망이다.

2018년 미국 아동복 시장 매출은 339억 달러(증가율 5%)였으며 2023년에는 406억 달러(연평균 4%)의 성장이 예상된다. 자녀를 둔 부모의 경제·사회적 수준의 안정으로 유아 용품 구매액의 비중이 늘어났으며 내 자녀를 위한 고급 옷과 브랜드를 선호하고 있다. 저소득층 부모들은 월마트, 아마존 등의 자체 브랜드 또는 저렴한 브랜드의 상품을 소비하는 경향을 보였으며 이들의 매출을 증가시켰다. 이에 고소득층 부모를 위한 명품 아동복이 인기를 얻으면서 명품 브랜드들은 아동복 라인을 확장하여 판매하기 시작했다.

미국 섬유의류국(OTEXA)의 2021년 연간 미국 수입 데이터에 따르면 미국의 의류 수입이 전년도에 비해 27.4% 증가했다. 지난 10년간 가장 빠른 성장일 뿐 아니라 2008년 글로벌 금융위기보다 더 큰 반등이다. 미국 경제의 호황과 소비자 수요에도 불구

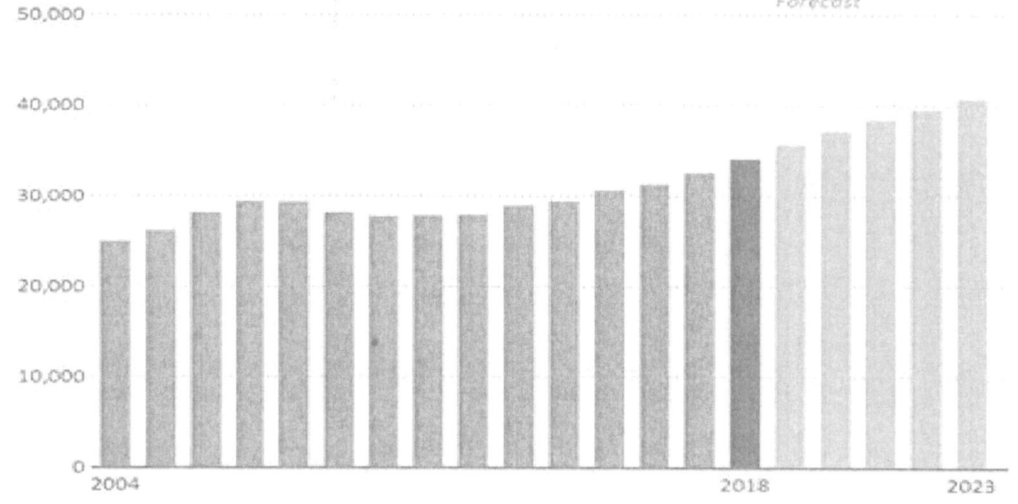

그림 63 미국의 아동복 시장 규모(단위 : 백만 달러)
자료 : 유로모니터

하고 2021년 미국 의류 수입액은 팬데믹 이전보다 2.5% 낮은 수준에 불과했다. 당분간 미국 의류 수입은 증가할 전망이다.

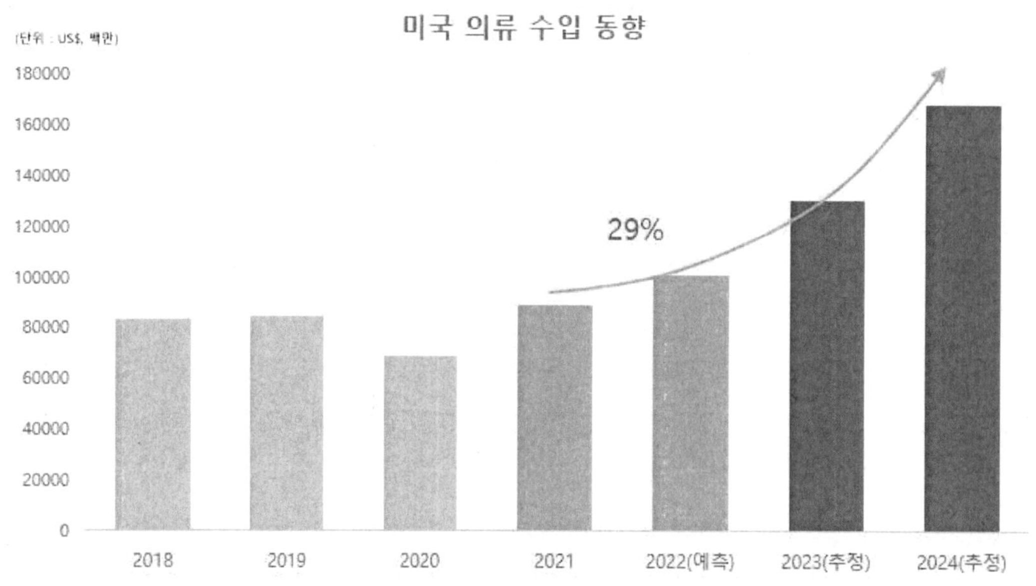

그림 64 미국 의류 수입 동향(전망)
자료 : Major Shippers Report, 미국 상무부(재구성)

2020년 미국의 의류 수입액은 기준 약 686억 1,859만 달러로 전년 대비 18.9% 감소하였다. 주요 수입국으로는 중국, 베트남, 방글라데시, 인도네이사 등이며 중국으로부터 수입이 가장 큰 비중을 차지했다. 2020년 중국으로부터의 수입액은 약 186억 4,739만 달러를 기록했으나, 이는 전년 대비 약 26.7% 감소한 수치이며, 2019년 대비 2020년, 베트남은 5.3% 감소했고 캄보디아로부터의 수입액은 8.1% 증가했다.

미국의 의류 수출액은 2020년 기준 약 41억 588만 달러로 전년 대비 약 21.3% 감소하였다. 주요 수출국은 캐나다와 멕시코로, 두 국가로의 2020년 수출액은 각각 약 15억 2,427억 달러 및 8억 7,356만 달러를 기록하였고, 2019년 대비 2020년 한국으로의 의류 수출이 눈에 띄게 감소했다.

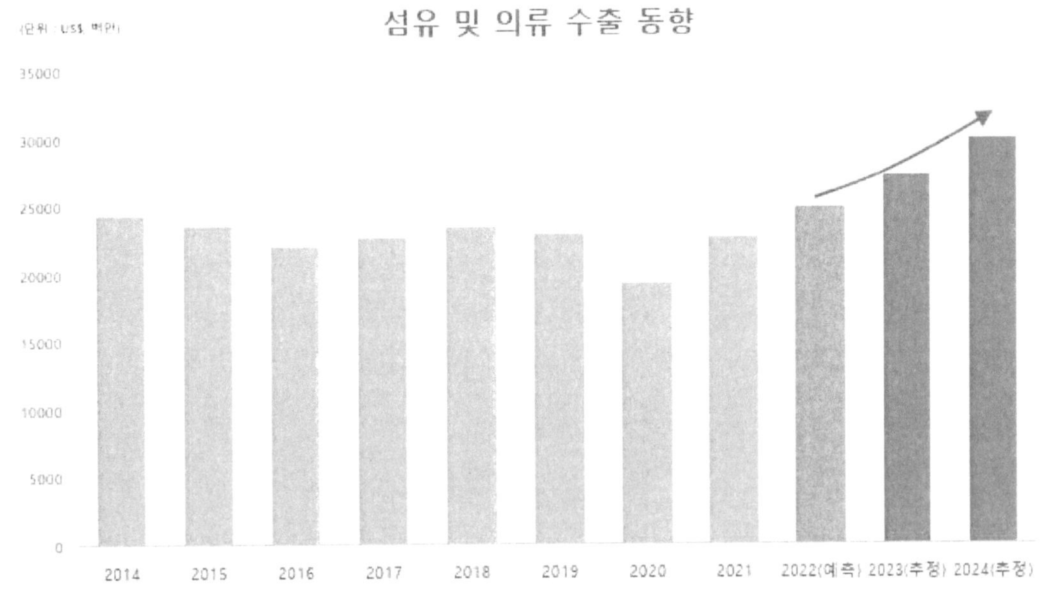

그림 65 미국 섬유 및 의류 수출 동향(전망)
자료 : Office of Textiles and Apparel, 미국 상무부 섬유의류청(재구성)

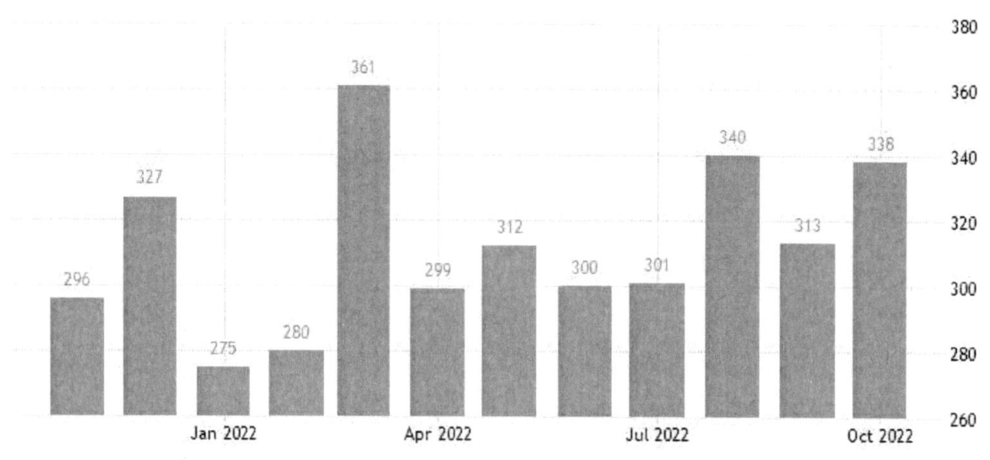

그림 66 미국 의류 수출 현황
자료 : TradingEconomics, 2022

2020년에는 미국 의류 생산업 수출이 크게 줄었는데 그 이유는 코로나19 팬데믹으로 인해 큰 타격을 받은 걸로 예상된다. 팬데믹의 유행과 장기화로 인하여 실내생활이 증가하게 되었고 실내생활의 증가는 직장, 학교, 외부 행사 등 장소에 맞는 패션에 대한 소비자의 수요를 급감시키는 주요 원인이 되었으므로 수출이 하락한 것으로 볼 수 있다.

미국 상무부 섬유의류청(Office of Textiles and Appparel) 데이터에 따르면 2022년 상반기 섬유 및 의류 수출액이 124억 3,400만 달러로, 전년도 같은 기간에 비해 13.1% 증가한 것으로 나타났다. 최근 미국 의류 수출은 팬데믹으로 감소한 이후 다시 조금씩 회복되고 있으며 앞으로도 더디지만 지속적으로 증가할 것으로 전망된다.

한편, 2021년 이후 미국은 '중고 의류 시장'에 대한 관심도 증가했다. 최근 전 세계적으로 지속가능성, 환경, 윤리와 같은 개념이 화두로 오르고 핵심 소비자층인 MZ세대를 중심으로 중고 의류 구매 비율이 증가하고 있다. 미국 내 중고 의류 시장은 2021년 대비 2025년 약 11배 성장할 전망이다.

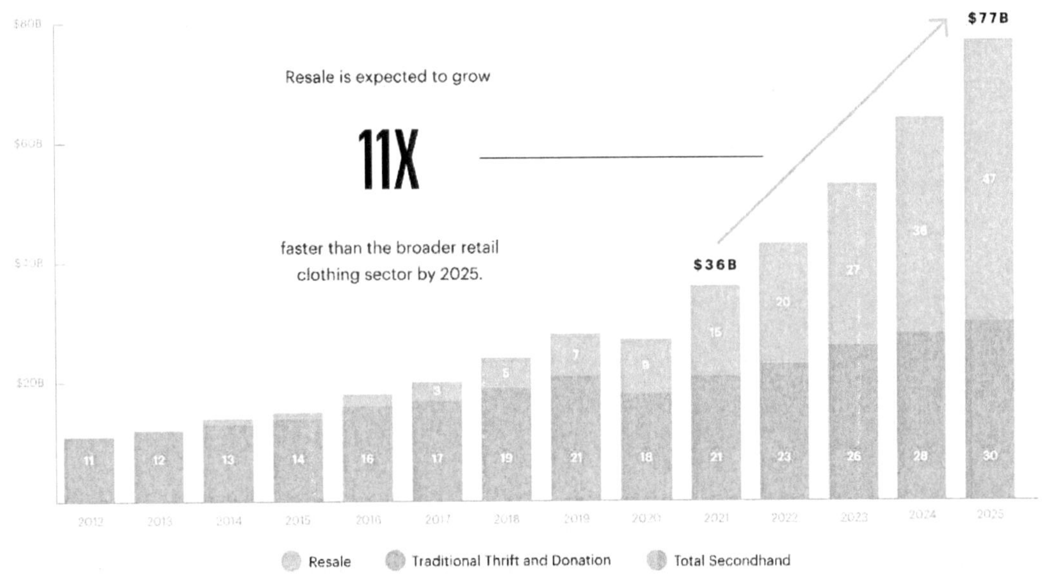

그림 67 미국 중고 의류 시장 전망
자료 : 2021 Resale Report, ThredUp

리서치 기관 글로벌데이터와 스레드업이 함께 진행한 설문조사에 따르면 소비자 3명 중 1명은 팬데믹 이전보다도 지속 가능한 의류를 구매하는 것에 더 관심을 보이는 것으로 나타났다. 또한 전체의 절반 이상이 의류 구매시 가성비와 비용절감, 쓰레기와 물자 등에 신경을 쓰는 것으로 조사됐다. 특히 젊은 세대는 저렴한 가격으로 이름 있는 브랜드의 중고 아이템을 구매하는 것을 선호하는 추세이다.

   2) 이탈리아

뛰어난 품질 경쟁력과 디자인으로 이탈리아의 섬유·의류 산업은 EU 전체 섬유·의류 산업 매출액의 약 31%를 차지하고 있으며, EU 전체 기업 수 중 27.6%가 이탈리아에 집중돼 있다. 지난 2018년 기준 이탈리아의 섬유패션산업 종사자 수는 46만명으로, EU 전체 220만명 중 20% 이상을 차지한다.

유럽 경기 침체가 장기화된 2013년도에도 전년대비 0.7% 감소한 507억 유로 매출에 그쳐, 타 산업들이 10% 이상씩 매출 및 수출 감소를 겪은 것에 비해 이탈리아의 섬유·의류 산업은 뛰어난 글로벌 경쟁력을 무기로 장기화되고 있는 경제 불황 속에서도 가장 선전하고 있는 산업 중 하나로 평가됐다.

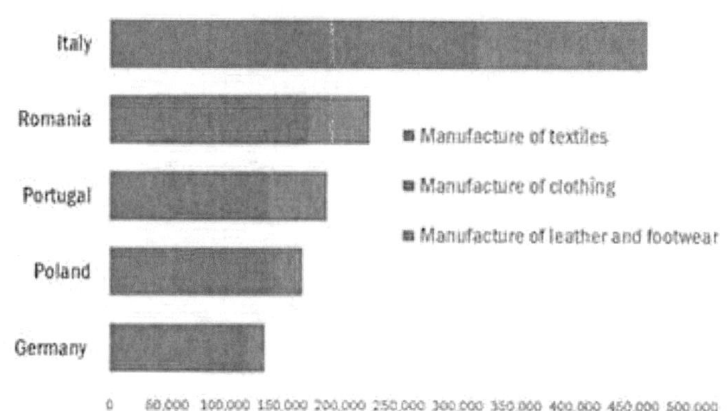

그림 68 EU 주요국별 섬유패션산업 인력현황
자료 : eurostat, 월간섬유ISC

이를 증명하듯 경제가 회복세로 접어듦에 따라 2014년 전년대비 3.3%, 2015년에는 1.1%, 2016년에는 전년대비 1.0% 증가율을 보이며 지속적인 성장세를 보였다. 2017년도에도 기업 수는 소폭 감소한 반면 생산액은 2.4% 증가하며 높은 산업경쟁력을 보여주고 있다. 2020년 코로나19로 전세계가 매출 부진에서 벗어나지 못했을 때도 하반기 이탈리아는 유럽에서 코로나 백신 보급률이 가장 높은 국가라는 긍정적인 시그널을 타고 31% 반등했다. 가죽 제품과 의류 수출이 16.4% 증가한데 비해 주얼리, 뷰티, 아이웨어 수출이 39.9% 증가해 상반기 부진에도 전체적으로 좋은 성과를 냈다. 또한, 2021년 초 인플레이션 우려로 소비재 가격이 전세계적으로 폭등하는 동안 이탈리아의 패션 제품 가격은 0.6%밖에 오르지 않아 심각한 영향을 주지 않은 것으로 나타났다.

이탈리아의 패션 산업의 2019년 매출은 약 900억 유로로, 전세계에서 가장 활발하고 이탈리아 경제의 주 종목 중 하나이다. 시장을 선도하는 이탈리아 패션 브랜드는 Armani, Gucci, Prada, Dolce&Gabbana, Cavalli, Ferragamo, Ermenegildo Zegna, Bottega Veneta 등으로 고급 브랜드가 경쟁력을 유지하고 있다. 이탈리아는 일찍부터 패션명품에 대한 국가 브랜드 정책을 시행해 'Made in Italy' 정책으로 패션명품(고급소비재) 수출 1위국이 되었다.

이탈리아는 최근 제조업의 부활로 패션산업의 매출이 증가하고 있다. 또한 수출시장의 다양화에 성공하며 미국, 유럽 등 선진국과 중동, 중국 등 개발국에서 이탈리아의 유명 브랜드의 수요가 증가하며 각 브랜드에서 다양한 모델을 출시해 섬유의 수요가 꾸준히 증가하고 있다.

또한 기능성 및 합성섬유는 의류용뿐만 아니라 산업용으로도 사용되고 있으며, 자동차, 건축, 농업, 의료, 항공우주, 안전장비 분야에서의 새로운 수요가 지속적으로 창출되고 있다. 이탈리아는 대표적인 제조업 국가로 향후 이탈리아 내 산업용 합성섬유의 수요가 더욱 증가할 전망이다.

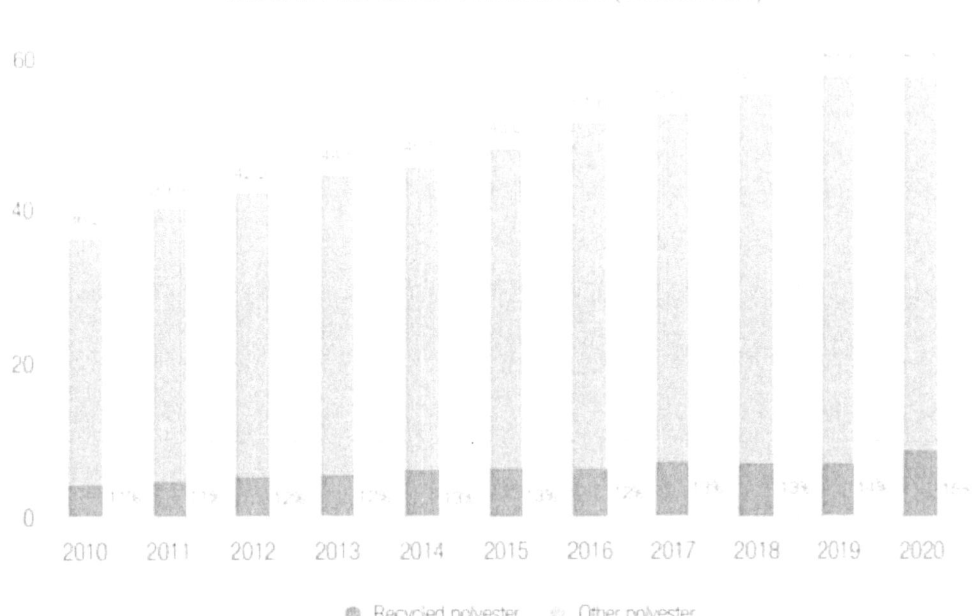

최근 이탈리아의 프라토에서는 전 세계 폐의류를 모아 재생섬유를 생산하고 있다. 재생 섬유야 말로 지속 가능한 패션을 위한 최선의 행동이다. 12세기부터 대규모로 옷을 만들어온 프라토는 이탈리아 직물 산업의 발상지이다. 1900년대 초반 원모 수입을 금지하는 법이 제정되며 양모 재활용 산업이 이어져오고 있었다. 전 세계의 폐직물을 모아 분류하고 재활용하는 숙련공을 통해 재생섬유를 만들며 이를 아르마니, 바나나 리퍼블릭, 자라, H&M 등 패션 브랜드에 판매하고 있다. 환경에 대한 관심과 책임이 높아짐에 따라 향후 재생섬유 시장은 더욱 성장할 것으로 예측된다.

2018년 섬유·의류 산업 수입액은 전년대비 5.7% 감소한 19억 유로, 수출은 0.4% 감소한 43억 유로를 기록했다. 2020년 팬데믹으로 인해 수입·지출액이 최저치를 기록하고 있으며 2021년에 다시 반등해 수입이 전년도보다 21.8% 증가한 17억 유로, 수출이 35억 유로를 기록했다.

(단위: 백만 유로, %)

구분	2018		2019		2020		2021	
	금액	증감률	금액	증감률	금액	증감률	금액	증감률
매출	7,947	0.8	7,555	-4.9,	5,307	-29.7	6,115	15.2
생산	6,041	0.3	5,711	-5.5	4,049	-29.1	4,688	15.8
수출	4,305	-0.4	4,121	-4.3	3,009	-27.0	3,474	15.4
수입	1,889	-5.7	1,868	-1.1	1,401	-25.0	1,705	21.8
내수	3,625	-2.2	3,457	-4.6	2,440	-29.4	2.919	19.6

표 10 이탈리아 섬유산업(2018-2021년)
자료 : 패션기업연합, Kotra, 2022

이탈리아의 패션 시장도 이커머스가 대세로 부각되고 있다. 유로모니터에 따르면, 이탈리아의 온라인 시장은 2005년 이후 완만히 성장되다가 2017년에 35%의 폭발적 성

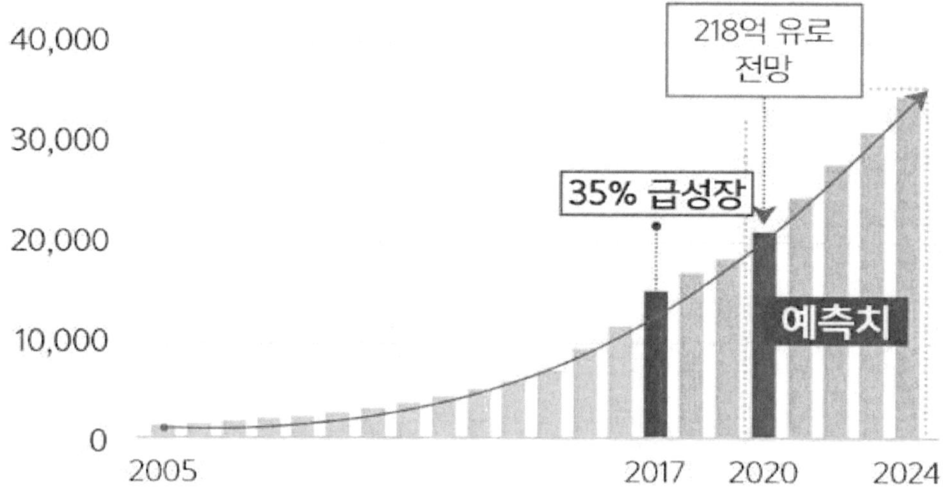

그림 70 이탈리아 온라인시장 매출액 추이
자료 : 유로모니터, FedEx

장률을 보였고, 2019년에는 온라인 플랫폼을 이용한 B2C 상품 판매 매출이 2018년
대비 20.7% 증가한 184억 유로에 달했다. 이탈리아의 이커머스 시장은 계속적으로
성장할 것으로 기대되고 있다.

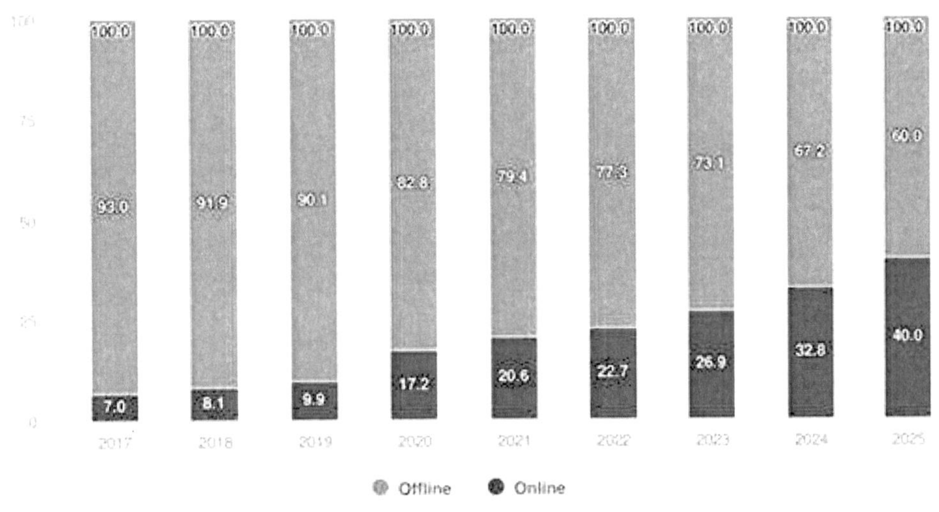

그림 71 이탈리아 패션 시장의 이커머스 트렌드
자료 : 스타티스타

3) 영국

영국 패션섬유협회에 따르면 2020년 영국 패션 산업의 규모는 260억 파운드였으며,
이 중 패션 제조 산업 규모는 100억 파운드였다. 영국 통계청에서는 2020년 영국 내
의류 지출 총액이 540억 파운드로 팬데믹 상황으로 2019년보다 25% 하락했다고 발
표했다. 영국의 의류, 신발 및 액세서리 시장은 2009년 이후 꾸준히 성장했으며 최근
에는 이커머스 수익 비중이 증가하고 있다.

영국은 유럽에서도 코로나19 확진자 수가 가장 많았고 락다운이 3 차례나 시행되어
패션산업이 코로나19의 영향을 많이 받았다. 팬데믹 속에서 기업의 특성과 존재 이유
가 명확한 업체들만 살아남았다고 영국 패션협회장이 밝혔다. 앞으로는 지속 가능한
개발 및 친환경이 생존을 위한 필수조건으로 주목받고 있다.

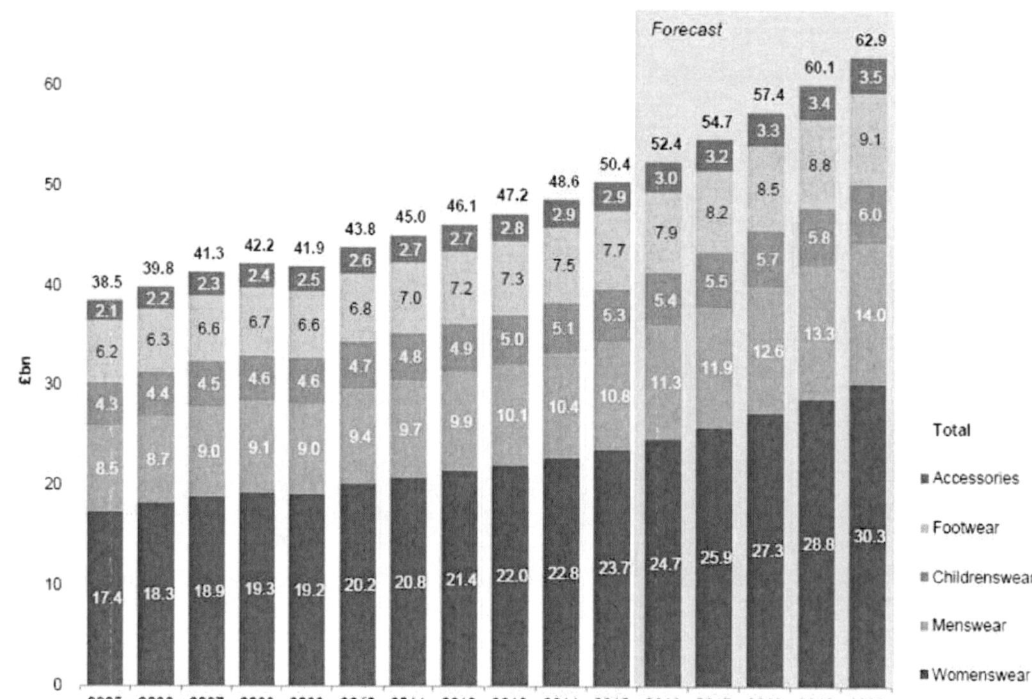

그림 72 영국 의류, 신발 및 액세서리 시장 규모
자료 : PWC, 코트라

코로나19 Lock Down으로 온라인 업체가 매출이 급상승한 덕분에 2020년 영국 패션 리테일러 Top5는 아소스와 넥스트, 세인즈버리, 존루이스, 베리 등이 순위를 차지했다. 이 중 넥스트(NEXT)는 2020년 2월부터 2021년 1월까지 온라인 및 오프라인 매출액이 1차 락다운 이후 전년보다 85% 급락했으나 2,3차 락다운 때는 온라인 판매 급증으로 전년도 매출 수치를 회복했다. 오프라인 리테일의 경우는 크게는 226%나 폭락했는데 이는 코로나19 락다운 기간 동안 매장 문을 닫아야 했기 때문으로 보인다.

시장조사기관 IBIS World의 "Footwear Retailers in the UK Industry" 보고서에 따르면, 영국 신발 시장 매출액은 2010년대 이후 꾸준히 증가해왔으며 2019년 매출액은 49억 5천 파운드를 기록, 향후 5년간 1.2% 증가할 것으로 예상된다.

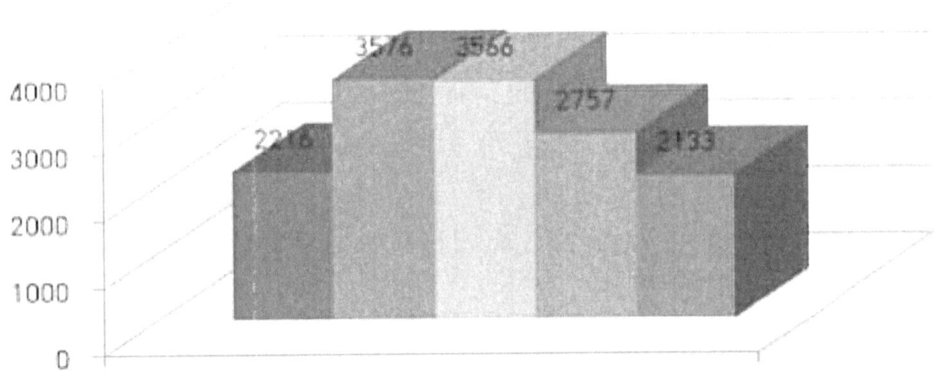

그림 73 2020년 영국 패션 소매 업체 Top5
자료 : 스태티스타

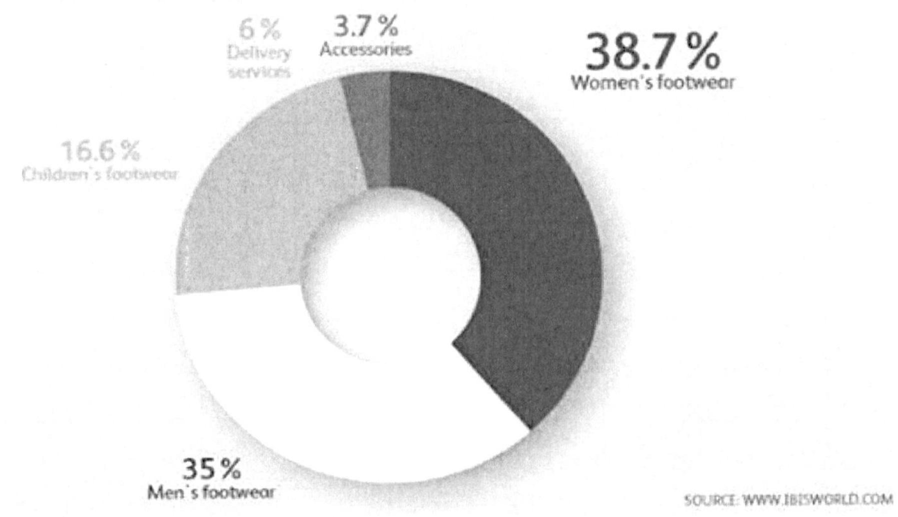

그림 74 영국의 신발 상품 & 서비스별 점유도
자료 : IBIS World "Footwear Retailers in the UK Industry" 보고서

유럽 시장은 여전히 성장률이 2% 이하로 낮게 나타나고 있다. 독일, 이탈리아, 프랑스의 경우에는 마이너스 성장세를 보이고 있고 영국만 1.0% 정도 성장세를 보이고 있다.

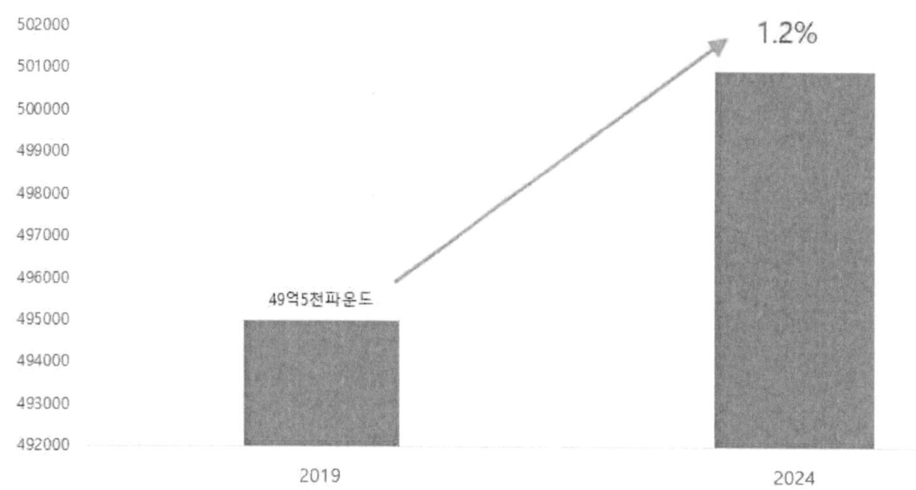

그림 75 영국 신발 시장 규모 및 성장률
자료 : IBIS World

	2020	**2021**	**% change**
1. China*	$2,296.95	$2,779.31	21.0%
2. US	$794.50	$843.15	6.1%
3. UK	$180.39	$169.02	-6.3%
4. Japan	$141.26	$144.08	2.0%
5. South Korea	$110.60	$120.56	9.0%
6. Germany	$96.86	$101.51	4.8%
7. France	$73.80	$80.00	8.4%
8. India	$55.35	$67.53	22.0%
9. Canada	$39.22	$44.12	12.5%
10. Spain	$36.40	$37.12	2.0%

그림 76 국가별 이커머스 규모 및 성장률 (단위: 십억달러)
자료 : 이마켓터

미국 시장조사 기관인 이마켓터(emarketer)에 따르면 21년 영국 소매부분 이커머스 시장의 규모가 전년도에 비해 6.3% 감소한 169조 달러로 전체의 3위를 차지했다. 이커머스 시장은 전세계적으로 성장세가 높게 유지되고 있어 영국에서도 더디지만 성장이 예상된다.

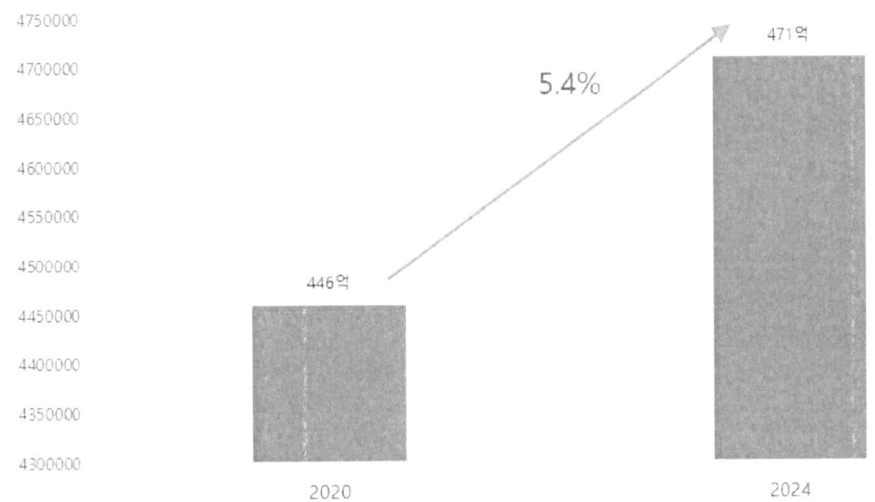

그림 77 영국 의류 소매 산업 매출액 전망
자료 : IBIS World

시장조사기관 IBIS World의 보고서 'Clothing Retailing in the UK Industry'에 따르면, 영국의 의류 소매 산업 매출은 2020년도 446억 파운드에서 5년 후인 2024년에는 5.4% 증가한 471억 파운드를 기록할 것으로 전망됐다. 최근 패스트 패션이 환경오염에 미치는 악영향에 대해 우려하는 목소리가 커지는 모양새다. 의류산업이 성장할수록 영국 가정에서 배출하는 의류 쓰레기가 늘어나기 때문이다. 2016년 영국의 의류 쓰레기는 30만톤을 기록했다.

한 해에만 수십개의 컬렉션을 선보이는 브랜드 의류의 경우 의류가 거의 일회용품과 다를 바 없다는 사회적 분위기에 영국에서는 업사이클링 패션 트렌드가 주도하고 있다. 업사이클링(Upcycling)이란 쓸모없는 물건을 새롭게 재탄생시키는 재활용방식이며, 재활용이 불가한 상품에게 새로운 가치를 부여하는 것 또한 해당된다.

영국의 업사이클링 패션 브랜드는 Beyond Retro, RubyMoon, Christopher Raeburn, Urban Outfitters 등이 있으며 Adidas도 100% 재활용된 재료로 런닝화를 제작하기도 했다.

이와 같은 애슬레저 패션의 유행 외에도 패션 시장의 성장을 이끈 원인 중 하나는 온라인 및 모바일을 통한 구매가 증가했다는 점이다. PWC 보고서에 따르면 2015년 의류, 신발 및 액세서리 전체판매(약 500억 파운드)중 20%는 온라인에서 이루어졌으며,

2020년에는 전체 판매(약 630억 파운드)중 28.8가 온라인에서 거래됐다.

유로모니터도 스마트폰을 활용한 소비 증가에 주목했는데, 현대인들이 스마트폰에 점점 더 많은 시간을 할애하면서 페이스북이나 인스타그램과 같은 플랫폼이 마케팅 채널로서 더욱 각광받고 있다고 분석된다.

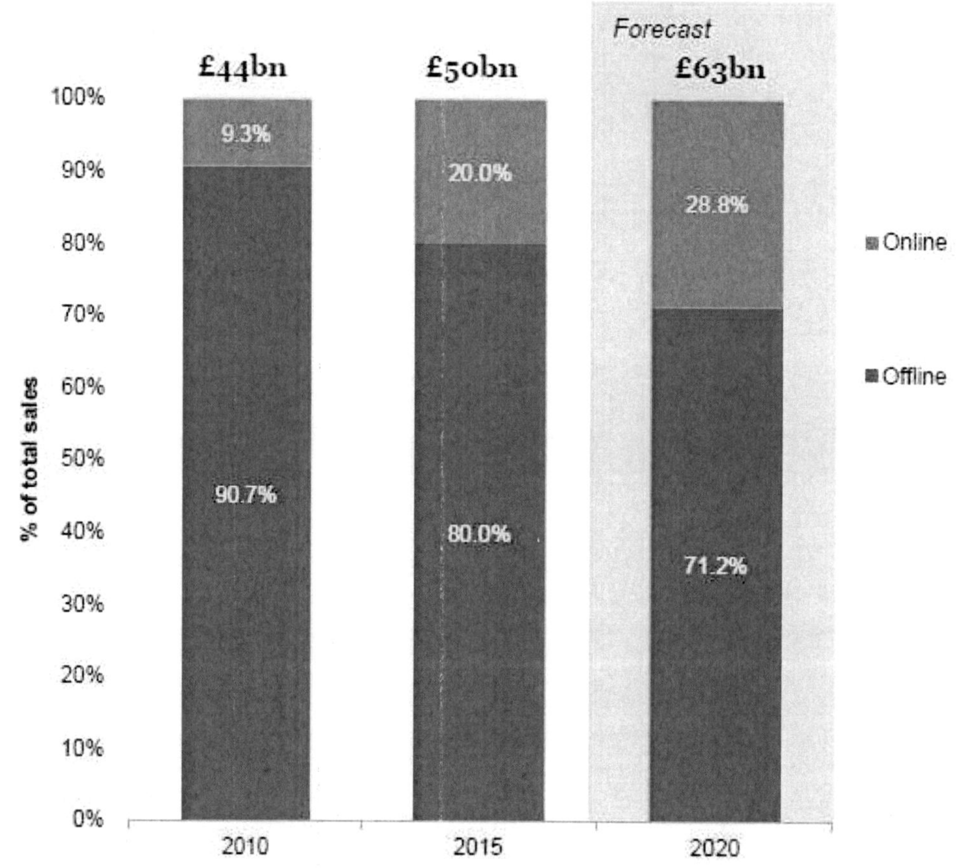

그림 78 영국 의류, 신발 및 액세서리 판매채널(온·오프라인)비중 비교

    4) 중국

시장조사기관 유로모니터에 따르면 2018년 중국의류시장 규모(신발 제외)는 2953억 9700만 달러(약 336조 원)로 미국을 제치고 세계 1위를 기록했다. 중국 의류시장은

지속적으로 증가할 것으로 전망되며 2025년에는 2.8조 위안까지 증가할 것으로 보인
다.

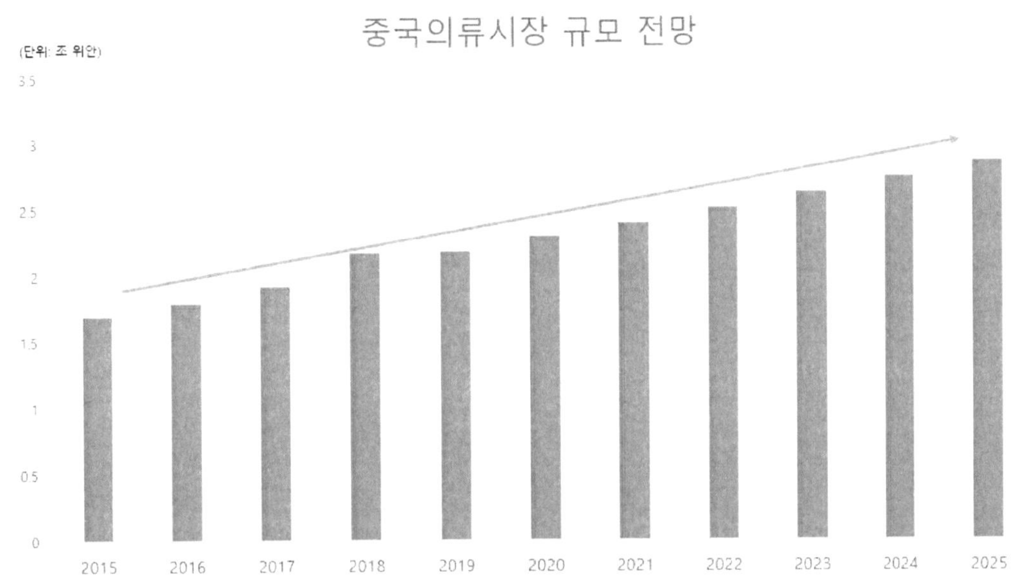

그림 79 중국 의류시장 규모 전망
자료 : 유로모니터

한편, 중국의 운동화 및 운동복 관련 시장은 2000년대부터 꾸준한 성장세를 보이다
2020년에는 코로나19의 영향으로 성장세가 꺾였다. 2021년부터는 중국 내 코로나19
가 다른 국가들에 비해 상대적으로 잘 관리되며 반등했으나 코로나19 재확산에 대한

그림 80 중국 운동화 및 운동복 시장 규모 및 전망
자료 : iiMedia Research

우려로 성장세는 더딜 것으로 예상된다.

중국의 특징적인 패션 시장 트렌드는 '궈차오(애국소비)' 열풍이 지속된다는 데 있다. 최근 몇 년간 소비 분야에서 중국 전통 요소가 들어가거나 국산 제품의 소비가 증가하고 있으며 중국 정부도 이러한 국산 소비 열풍을 권장하고 관련 정책을 펴고 있다.

바이두와 인민망연구원이 공동으로 발표한 '2021 궈차오 검색 빅데이터 보고'에 따르면 지난 10년간 궈차오에 대한 관심도가 528% 증가했다. 중국의 젊은 소비층이 선택한 '궈차오' 의류 브랜드는 중국 스포츠 의류제품인 '리닝'이 55.3%의 응답률로 1위를 차지했다.

중국 의류 수입규모는 2015년 23억 978만 달러, 2016년 23억 9788만 달러, 2017년 27억 8619만 달러를 기록했다. 이후에도 꾸준히 증가하다가 2020년 코로나19 여파로 감소되었고 2021년 다시 반등했다.

중국 의류 수입 규모 상위국은 이탈리아, 인도, 프랑스가 각 1,2,3위를 차지했다. 의류 수출 대상국은 선진국이 대부분이며 미국, 일본, 한국이 주요 수출대상국이다.

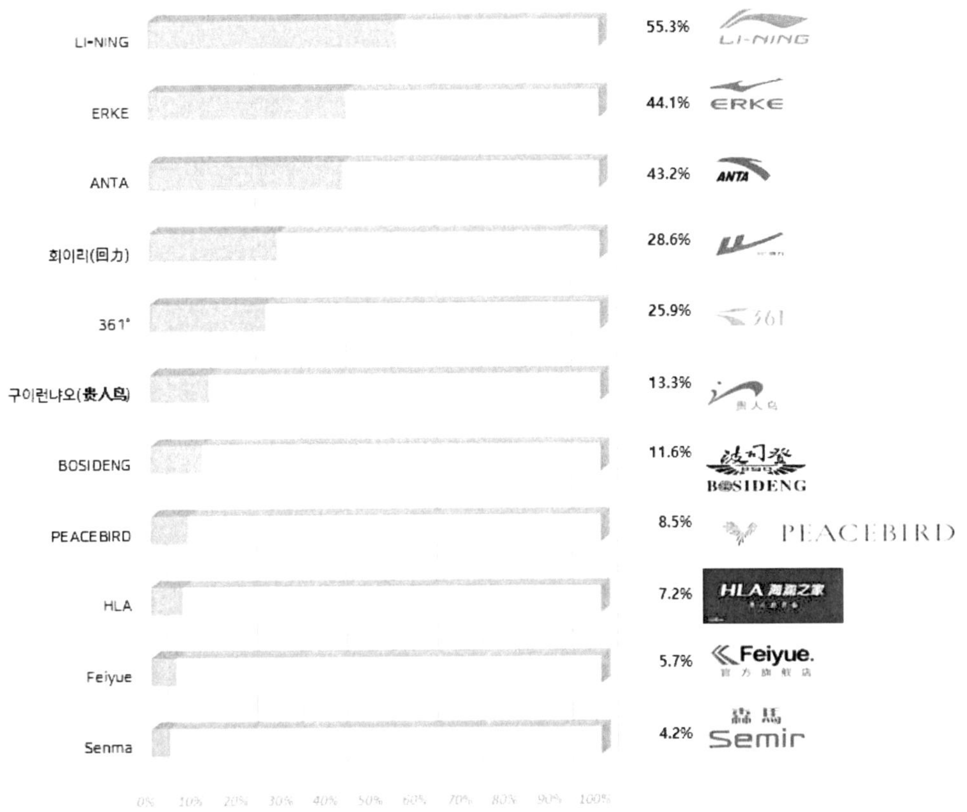

그림 81 중국의 '궈차오' 패션 브랜드 순위
자료 : 중국 소비자보도, 2021

순위	국가명	2016년	2017년	2018년	2019년	2020년	2021년 9월 기준
1	이탈리아	31,044	33,768	43,361	36,520	33,662	42,644
2	인도(인디아)	31,727	29,567	27,631	24,714	13,302	9,676
3	프랑스	5,297	4,600	6,834	7,114	7,828	8,186
4	터키	8,769	10,790	8,816	8,174	7,799	7,271
5	스페인	713	2,211	1,405	1,625	3,143	1,957
6	튀니지	474	478	574	911	864	1,139
7	베트남	264	326	386	626	663	1,103
8	파키스탄	2,392	3,120	2,073	3,088	2,105	1,014
9	스리랑카	707	1,079	212	593	1,066	928
10	인도네시아	414	615	616	951	569	789

그림 82 중국 의류 상위 10개국 수입액 현황(단위 : 전달러)
자료 : 한국무역협회, Kotra

순위	국가명	2016년	2017년	2018년	2019년	2020년	2021년 9월 기준
1	미국	102,468	101,707	77,985	40,550	16,611	19,395
2	일본	29,085	28,811	25,432	20,591	14,708	14,318
3	한국	8,911	1,184	12,422	11,875	14,257	13,098
4	러시아	17,234	17,234	4,730	4,730	7,322	6,899
5	네덜란드	6,393	6,390	5,041	5,014	3,291	4,847
6	싱가포르	380	369	1,119	833	1,820	4,777
7	말레이시아	873	873	521	771	1,257	3,852
8	영국	6,869	6,779	2,391	2,339	2,117	3,228
9	이스라엘	594	594	110	170	798	2,617
10	독일	13,267	13,142	4,634	5,760	3,028	2,402

그림 83 중국 의류 상위 10개국 수출액 현황
자료 : 한국무역협회, Kotra

중국은 2022년 의류소매시장 규모에서 미국보다 앞서 1위에 올랐다. 오는 2025년까지 중국 의류소매시장 규모는 2배 이상 성장할 것으로 전망된다. 한편, 글로벌 의류시장 규모가 2017년 1조3,876억6,000만 달러(약 1,763조1,871억 원)에서 2019년 1조5,188억1,000만 달러(약 1,951조6,709억 원)으로 성장했다가 2020년 1조2,63억7,000만 달러(약 1,623조9,160억 원)으로 줄어들었다. 2020-2025년 연평균 성장률 4.5%로 성장할 것으로 보여져 중국 의류소매시장 또한 성장세를 보일 전망이다.

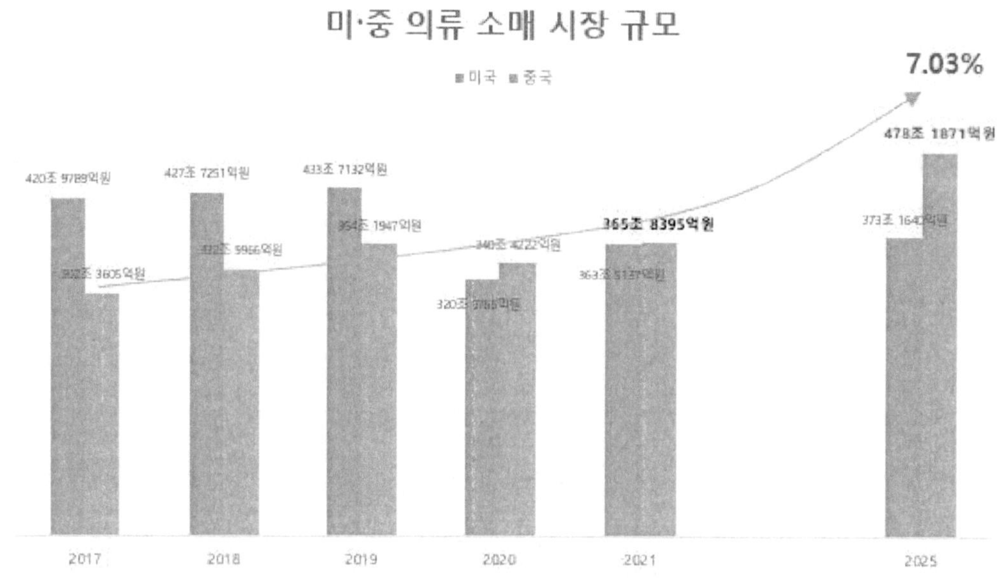

그림 84 중국의 의류 소매 시장 전망
자료 : Fiber2Fashion의 TexPro, 2022

중국 의류시장도 국내와 마찬가지로 패션 유통의 패러다임이 급격히 변화했으며, 과거 패션 유통의 핵심이었던 백화점의 매출 성장률은 둔화된 반면, 온라인과 쇼핑몰 등 새로운 유통채널의 매출은 갈수록 확대되는 추세이다.

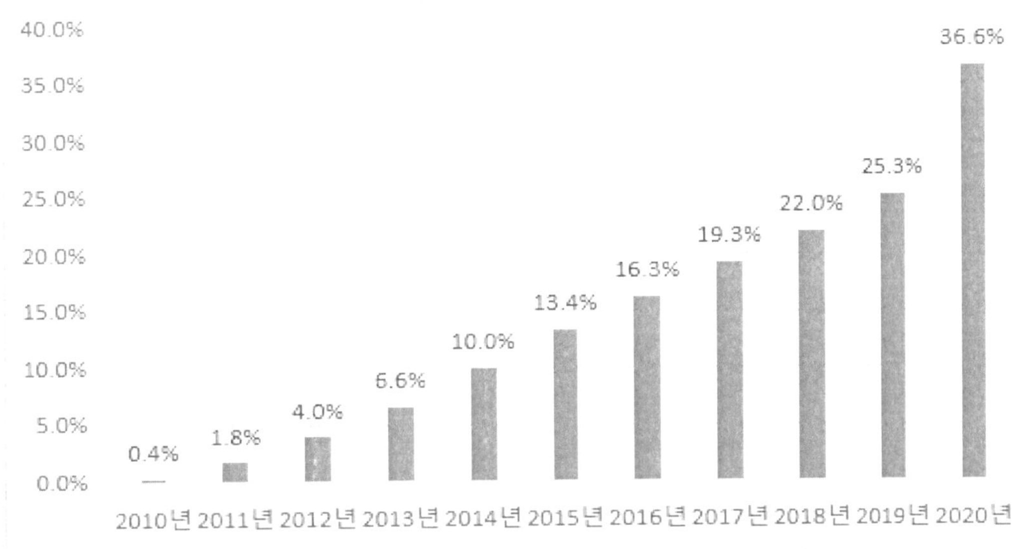

그림 85 중국 의류 온라인 거래율(온라인/오프라인) 추이
자료 : 치엔잔산업연구원, Kotra

2010년대 이후 중국에서도 전자상거래 시장이 성장하고 있으며 이에 의류업계또한 온라인 거래율(온라인/오프라인 거래)이 2020년 기순 36.6%에 달했다.

중국은 글로벌 전자상거래 시장을 주도하고 있는 시장이기도 하다. 2021년 중국 전자상거래 매출은 2조 7,793억 달러로 전 세계 총 매출의 52.1%를 차지한 수치이다. 글로벌 리서치 기관 이마케터에 따르면, 중국의 전자상거래 시장은 2019년 1조 8,010억 달러의 매출을 올린 이후 2024년에는 3조 5,650억 달러까지 성장할 것으로 전망된다. 중국의 전자상거래 시장은 연평균 57.2%로 성장하고 있다. 전세계 성장률보다 3배, 한국보다 6.4배 높은 수치이다.

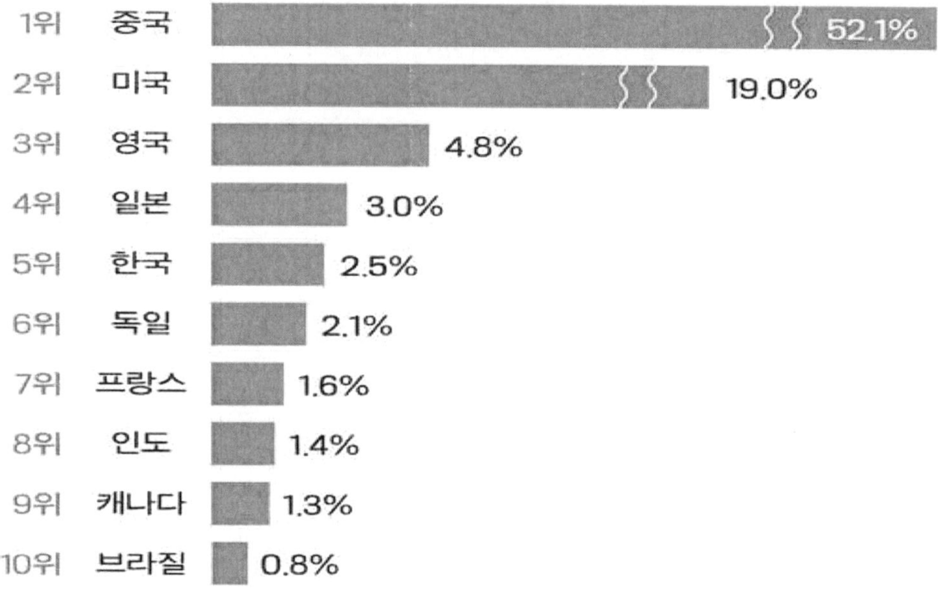

그림 86 2021 세계 전자상거래 소매판매 점유율 순위 상위 10개국
자료 : 중소벤처기업진흥공단, 이마케터, 이코노미스트

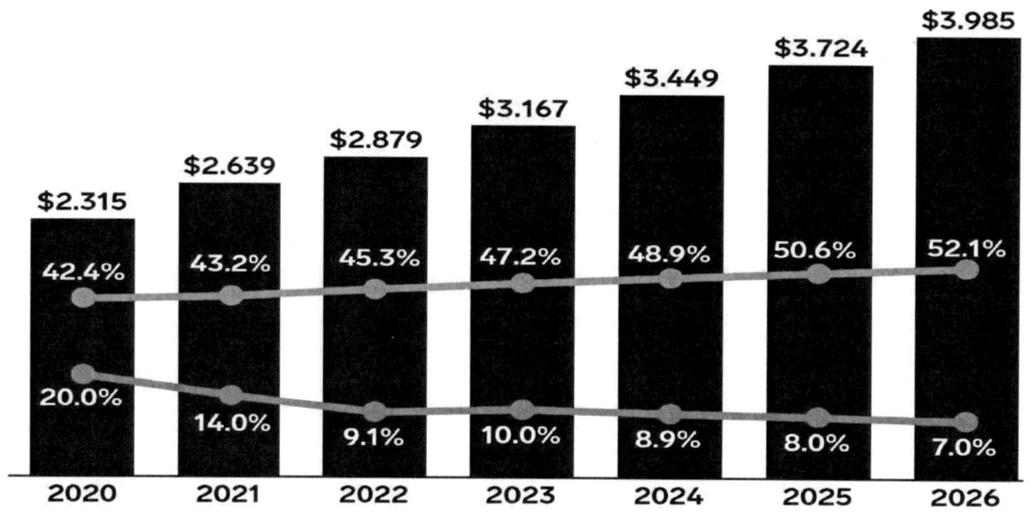

그림 87 중국 전자상거래 소매시장 전망(단위 : trillions, % change, % of total retail sales)
자료 : 이마케터

중국의 소비시장은 현재 '라이브 커머스'로 이동중이라고도 말할 수 있다. '라이브 커머스'란 라이브 스트리밍(live streaming)과 전자상거래(e-commerce)의 합성어이다. 인터넷방송을 통해 인플루언서나 BJ가 실시간으로 물건을 판매하는 채널이다. 중국은 2016년부터 라이브 커머스 시장이 시작되어 폭발적인 성장세를 보이고 있다. KOTRA '중국 랴오닝성, 라이브커머스 육성 정책 발표'에 따르면 중국의 라이브 플랫폼을 이용한 네티즌은 중국 전체의 약 32.9%에 이른다고 한다. 10명 중 3명꼴로 라이브 커머스로 물건을 사고판다.

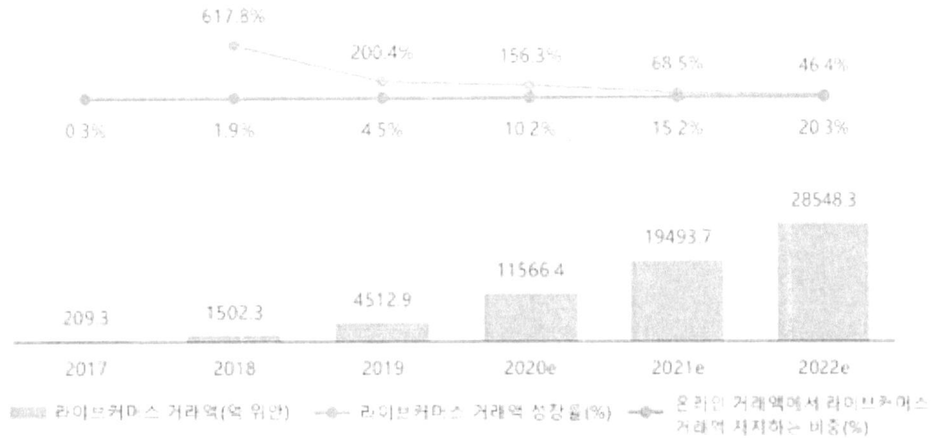

그림 88 중국 라이브커머스 시장의 전망
자료 : Kotra

한국섬유산업연합회와 패션인사이트에서 공동으로 진행한 설문조사에서, 국내 100여개 패션 브랜드 중 40%가 중국에 진출한 것으로 드러났다. 이어서 일본 시장에 전체의 25%가 진출했다. 대형 이커머스를 통하거나 해외 사이트를 개설해 직구판매하는

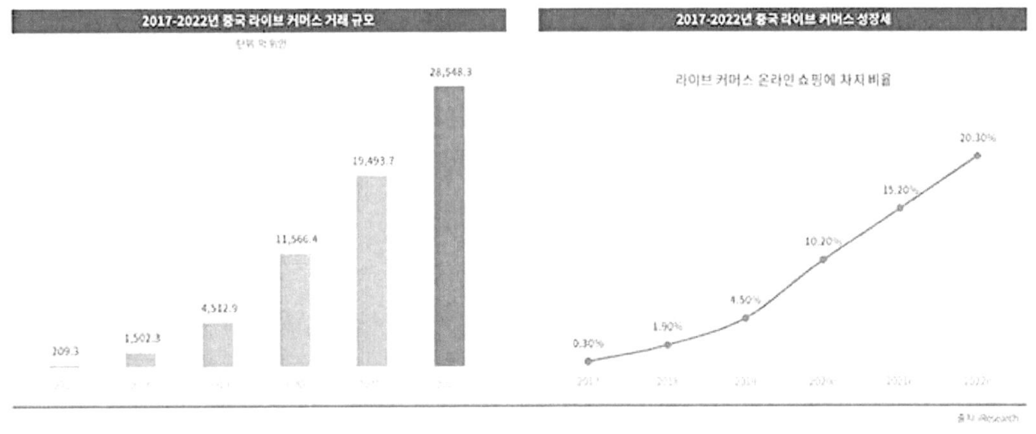

그림 89 중국의 라이브 커머스 시장 동향
자료 : 메조미디어

형태가 가장 많으며 홀세일 비즈니스가 주요 해외 진출 전략으로 꼽힌다. 또한 현지 시장에 적응하기 위한 노력을 다방면으로 하고 있는 것으로 나타났다.

중국 시장은 과거 수출 주도형에서 내수 주도형으로, 어패럴 산업 중심에서 패션산업 중심으로 변화해가고 있는데, 글로벌 경기침체에도 정부의 강력한 내수 경기 부양정책에 힘입어 중국 소비사장은 높은 성장세를 유지하고 있고 럭셔리 마켓의 성장세는 지속될 전망이며, 중저가 브랜드에서 해외 브랜드와 중국 내수 브랜드와의 경쟁이 점차 심화될 전망이다.

중국정부 소비촉진 정책으로 과거 럭셔리 대중화의 바람이 한때 불었으나, 최근 소비를 주도하는 '빠링호우(八零后: 1980년 대생)'와 '지우링허우(九零后: 1990년 대생)'의 주도로 소수화, 소셜화, 개성화가 트렌드가 됐으며, 이들을 타깃으로 많은 기업이 왕홍과 협력해 브랜드를 홍보하고 있다. 현재 나이키, 자라와 같은 많은 패션 브랜드들은 빅데이터를 바탕으로 빠른 속도로 소비자 수요를 분석해 제품 디자인과 융합하고 있다.

중국 의류시장 구매력은 북경, 상해, 광저우 3개 지역 의류 구매력이 가장 강한 것으로 조사되었으며, 이 중 인터넷 쇼핑 구매액은 상하이가 1위로 174억 2000만 위안(한화 약 3조 711억 원), 베이징이 112억 5000만 위안(한화 약 1조 9833억 원)으로 2위를 차지했다.

중국 패션 시장은 현재 의류 산업 사이클에서 성숙기에 진입했으며, 기존 패션업계는 오프라인과 온라인 판매의 접목을 통해 새로운 돌파구를 찾기 위해 노력하고 있다. 전자상거래의 발전과 보급으로 점점 더 많은 기존 패션기업들이 온라인 전자상거래로 진입하고 있고, 어떠한 전자상거래 플랫폼에 진입해 더 좋은 결과를 낳느냐의 문제가 가장 중요한 관심사가 되었다.

중국의 패션업계는 크고 방대한 시대는 이미 지나가고, 고객 타깃에 초점을 맞춰 시장이 세분화되고, 상품의 생산방향을 고도의 개성화로 맞추어 전면적으로 재구성하는 단계에 접어들었다. 이러한 시장 환경 속에서 빅데이터는 기존의 폐쇄저긴 제조 시스템을 대신해 각 지역시장의 실제 차이에 대해 상세히 알려주고, 지역에 맞게 상품을 공급하는 등 정확하게 소비자의 요구를 맞출 수 있는 역할을 할 것이다.

5. 기업분석

현재 국내 패션시장은 저성장시대를 맞이하여 매출보다는 비용 즉, 성장성보다는 수익성이 중요해지고 있다. 따라서 기업들이 앞으로 패션시장에서 살아남기 위해서는 누가 더 비용을 절감할 수 있는지가 중요하다. 이런 측면에서 자체적인 유통채널을 보유한 기업들이 기존 패션기업보다 좀 더 우위에 있다고 볼 수 있다.

유통기업에게 기존의 자신들의 유통채널인 백화점의 경우에도 자체 백화점 비즈니스 한계로 인해 브랜드사업으로의 진출이 반드시 필요해지고 있다. 유통업체들은 브랜드사업을 통해 과거 수수료만 수취하는 단계에서 벗어나 이제는 제조자, 가맹사업자가 가져가는 수익을 모두 수취할 수 있는 비즈니스를 추구할 것으로 보인다. 최근 국내 패션시장은 저성장을 통해 많은 변화가 일어나고 있는데, 앞으로 현재 유통기업이 패션시장을 지배할지, 다시 기존 패션업체가 주도권을 가져갈지 귀추가 주목된다.

본 장에서는 의류산업에서 우위를 점하고 있는 기업들 위주로 살펴볼 것이다.

가. 신성통상

그림 91 신성통상 로고

2017년 겨울 '롱패딩 신드롬'을 일으켜 국내 유통업계를 뒤흔든 신성통상은 1968년 1월 니트 의류 전문 수출업체로 출발했다. 1973년 7월 대우실업에서 인수했으며, 1975년 증권거래소에 주식을 상장한 후 1983년 10월 대우에서 분리 독립했다. OEM 방식으로 니트 의류 수출로 성장해 온 신성통상은 1990년 8월 캐주얼 브랜드 '유노온베이(Unionbay)'를 출시한 이후 1994년 올젠(OLWEN), 1995년에는 지오지아(ZIOZIA) 등 남성복 브랜드와 의류 제조·유통일괄 브랜드 탑텐을 전개하고 있다. 유통부문은 리치마트(richmart) 양주사업장의 부지와 건물을 리모델링하여 1997년부터 영업 중이다. 신성통상의 관계회사는 ㈜가나안, ㈜씨앤티스, 유니코리아문예투자㈜, ㈜에이션패션, ㈜케이디파트너스 등이 있다. 2015년 9월 말 기준으로 신성통상의 최대주주는 ㈜가나안이며, 보유 지분은 28.62%다. 2대 주주는 염태순 신성통상 대표이사로 21.60%의 지분을 보유하고 있다.

탑텐은 유니클로나 H&M, 자라(ZARA)와 같은 해외 브랜드가 강세를 보이는 가운데 토종 SPA 브랜드로서 입지를 굳혀가고 있다. 탑텐은 공격적인 매장 확대에 힘입어 론칭 5년 만에 매출액 2000억 원을 돌파하며 급속하게 성장했다.

하지만 단기간에 대규모 매장을 다수 출점하며 초기 투자를 쏟다 보니 적자를 면치 못했고, 평창 롱패딩이 성공하기 전까지 회사 상황은 좋지 않았다. 금융감독원 전자공시시스템에 따르면 신성통상 연결기준 반기보고서(결산기준 6월) 2016년 하반기 매출은 4815억 원으로 전년 동기 4942억 원에 비해 약 2.5%감소했으며, 같은 기간 영업이익 역시 19억 원으로 전년 동기 대비 220억 원에서 105.8%나 급감했었다.

이는 수출사업 부문의 적자 전환 영향이 컸는데 2016년 하반기에만 36억 원의 적자를 냈으며, 신성통상이 전개하는 해외브랜드 갭(GAP)과 포에버 21 등의 운영 현황도 나쁜 상태였다. 또한 유니온베이의 수입라이선스를 철수해 600억 원 정도에 달하는 매출이 끊긴 것으로 알려졌다. 자체 운영하는 패션브랜드 실익도 좋지 않았는데 2016년 하반기 국내패션사업부문 매출은 2619억 원으로 전년 대비 7%가량 줄어들었다. 영업이익 역시 121억 원대에서 45억 원으로 떨어졌다

2017년 하반기 평창 롱패딩이 성공하면서 신성통상이 제조한 브랜드들도 덩달아 인기를 얻게 되었고 매출은 창사 이래 최고를 기록하게 되는 결과를 낳았다. 최근에는 오프라인 매장의 효율적인 관리를 위해 '신성통상 스토어 매니지먼트 시스템'이라는 자체 개발 시스템을 운영하기 시작했다. 매장과 물류업무를 PC나 PDA 환경에서 스마트폰 등 모바일 장치로 변환해 현장의 업무 효율성을 높인 것이다. 온라인 자사몰 전개와 신성통상의 주력 브랜드인 '탑텐'의 주도로 실적이 꾸준히 증가해, 2021년 매출이 약 1조1,999억원을 기록했다. 2022년에는 최대치를 갱신해 반기 실적이 전년도에 비해 16.9%나 증가하는 등 승승장구하고 있는 모양새다. 당분간 신성통상의 영업실적 호조세가 계속 이어질 것이라는 전망이다.

	2018	2019	2020	2021	2021.1H	2022.1H	증감률
매출액	8,211	9,549	10,272	11,999	6,359	7,432	16.9
영업이익	194	407	414	743	314	790	151.8

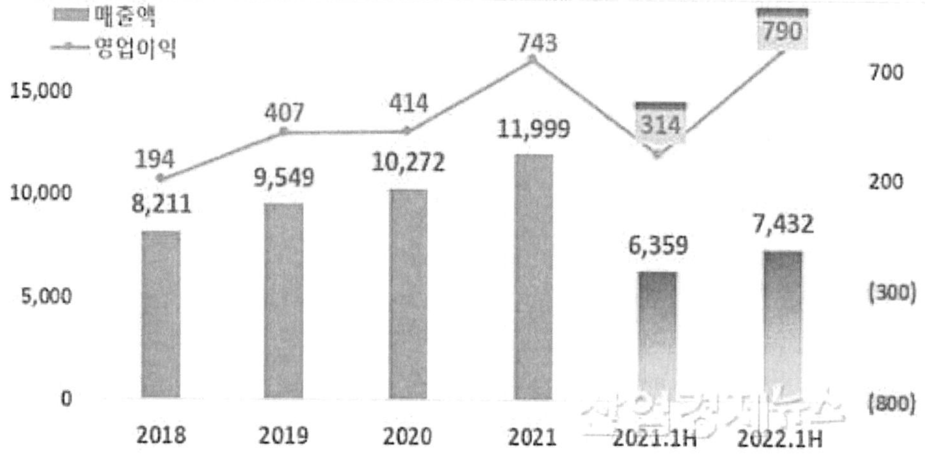

그림 92 신성통상 영업실적 추이
자료 : 산업경제뉴스

나. 이랜드 그룹

그림 93 이랜드그룹 로고
자료 : 이랜드그룹

이랜드 그룹은 국내 최초 글로벌 SPA브랜드인 스파오를 비롯해 150개 브랜드를 보유하고 있으며, 국내뿐만 아니라 중국, 대만, 홍콩 등 글로벌 SPA시장 진출에 성공하여 해외에서도 큰 호응을 얻고 있다. 그룹의 주력사업은 이랜드월드의 국내패션, 중국

3개사의 중국패션, 이랜드리테일의 국내유통이며, 이랜드파크 중심의 외식 및 레저 사업도 성장하고 있다. 이랜드 리테일은 국내 도심형 아웃렛업계에서 최대 규모의 점 포망을 구축하고 있다. 그룹의 지배구조는 사업지주회사인 이랜드월드가 대부분의 계 열사를 직간접적으로 보유하고 있다.

그룹은 국내패션, 중국패션, 국내유통으로 다각화된 사업구성을 보이고 있으나, 2015 년 이후 주력 이익창출원인 중국패션사업의 수익성이 저하된 가운데 고수익사업인 티 니위니와 모던하우스 매각으로 그룹의 이익창출력과 이익기반 다변화가 이전 대비 약 화된 상태이다.

국내 패션사업은 2016년 2분기 이후 수익성이 개선되고 있으며 국내 유통 사업은 모 던하우스 매각으로 이이규모는 축소되나 특화된 경쟁력을 바탕으로 기존사업에서 저 조한 실적을 지속할 것으로 판단된다. 사업별로 국내 패션과 국내 유통 사업은 이익 창출력이 2016년 하반기 이후 회복되었으나 중국패션사업은 수익성 저하세를 지속하 고 있다. 중국 내 패션유통채널의 구조적인 변화가 진행 중인 상태로 중국 패션사업 의 부정적인 사업 환경이 당분간 계속될 것으로 예상되는 가운데 시장 흐름에 대한 대응과 비수익 브랜드 정리 등 사업조정 수준에 따라 실적 저하폭이 영향 받을 것으 로 판단된다.

2017년 상반기 매출은 3조 3332억 원으로 전년 동기 대비 4000억 원 가량이 감소했 고, 영업이익도 1496억 원을 기록해 전년 동기대비 1000억 원 가까이 감소했다. 이 는 중국의 사드보복으로 중국 사업이 제한된 상황에서 갈수록 국내시장 경쟁이 치열 해지면서 실적이 감소한 것으로 분석되고 있다. 2019년 패션 의류 판매량은 97,500,000개이다.

패션업계에 따르면 이랜드그룹은 2017년 12월 11일 실시한 1조원 규모의 유상증자를 통해 재무구조가 크게 개선될 것으로 전망된다. 이랜드월드는 제 3자 배정방식으로 발행가 53만 6300원의 신주를 총 186만 4629주 발행하기로 결정했다. 이 가운데 149만 17000주는 키스톤프 라이밋에쿼티가 매입할 예정이다. 그룹의 지주체제 전환 도 마무리할 계획으로 알려졌다. 현재 이랜드월드가 지주사 역할을 하고 있긴 하지만 패션 및 외식사업도 함께 하고 있어 순수 지주사는 아니다. 순수 지주체제로의 전환 은 그룹 오너가의 지분을 더욱 공고히 하는 수단으로도 쓰이기 때문에 향후 이랜드월 드의 상장도 추진될 것으로 예상된다.

글로벌 진출에도 역량을 집중할 계획이다. 현재 이랜드그룹의 매출 대부분은 국내와 중국시장에서 발생하고 있다. 2016년 중국 매출(의류)은 2조6500억 원 가량으로 전년 대비 2500억 원 가량이 감소했다.

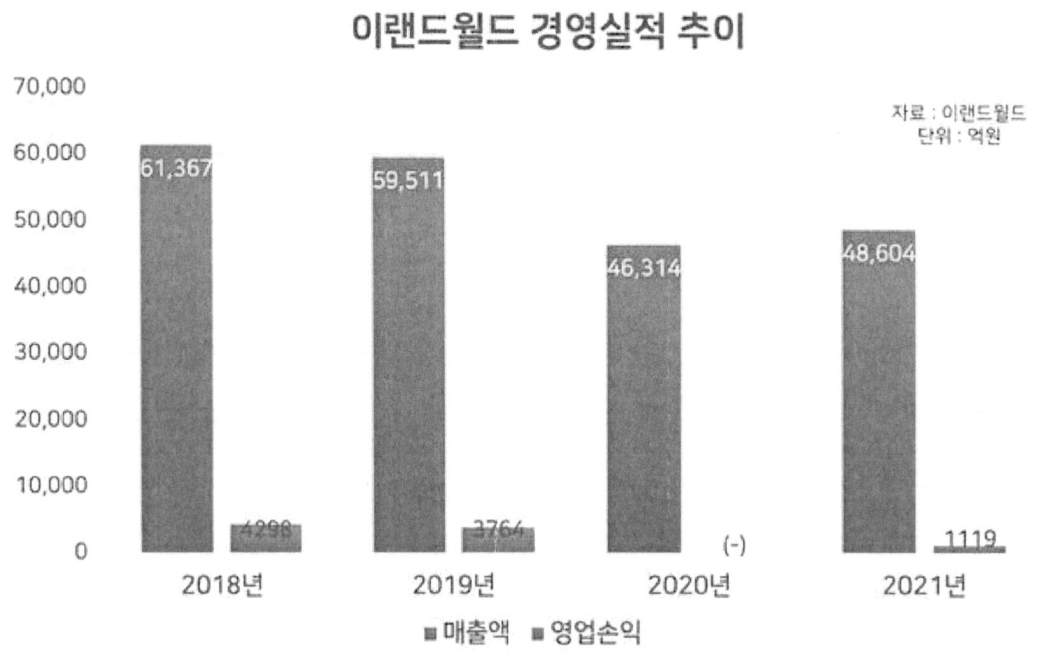

그림 94 이랜드 영업성과 추이
자료 : 이랜드월드

이같은 저조한 실적이 2020년 이후 소폭 반등했다. 이랜드월드의 주력 브랜드인 '뉴발란스'가 2021년 최대 실적을 올려 이랜드월드의 흑자전환을 주도했다. 2021년 뉴발란스의 매출은 6,000억원이며 2022년 7,000억원의 매출을 목표로 하고 있다. 앞서 2020년 코로나19의 직격탄으로 영업실적이 고전을 면치 못한데 이은 호실적이다.

뉴발란스는 이랜드월드 패션사업 전체 매출 가운데 약 20%를 차지하고 있다. 또한 MZ세대에 두꺼운 소비층을 확보하고 있어 향후 2030세대를 대상으로 한 제품개발 및 홍보를 적극적으로 추진할 계획이다. 뉴발란스 자사 플랫폼 'MyNB'를 중심으로 모바일 애플리케이션 및 온라인 시장을 지원할 방침이다.

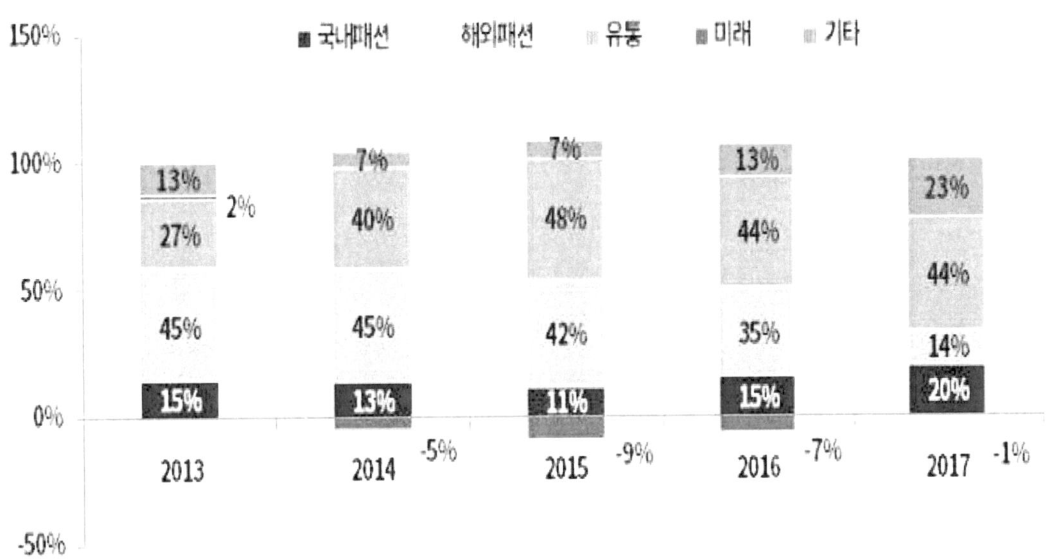

그림 95 이랜드그룹 사업부문별 이익기여도 추이
자료 : 이랜드월드 연결감사보고서

다. F&F

F&F는 1992년 패션 사업에 진출한 이래 국내에서 가장 영향력 있고 글로벌 경쟁력
을 갖춘 패션 전문회사로 현재 8개의 브랜드를 각각의 영역에서 리딩 브랜드로 자리
매김토록 하였다. 각종 경영 지표 또한 꾸준한 성장세를 이어나가고 있다.

MLB, 디스커버리 등의 브랜드들 보유하고 있는데, 특히 연기자 '공유'를 모델로 앞세
운 디스커버리와 인기 아이돌이 입고 등장해 학생들 사이에서 유명세를 탄 MLB는
F&F의 대표 브랜드이다. F&F는 지난 2012년 글로벌 다큐멘터리 전문채널 '디스커버
리 채널'과 브랜드 라이센스 계약을 체결하고 국내 최초로 일상에서 입을 수 있는 아
웃도어를 표방하며 '디스커버리'를 론칭해 젊은 층을 공략하고 있다.

이처럼 라이센스 브랜드를 통해 쌓은 패션 전반에 걸친 노하우와 시장 선도력을 바탕
으로 지속적으로 패션성이 뛰어난 자체 브랜드를 선보이고 있는 F&F는 안정적인 재
무구조, 탄탄한 조직과 시스템, 균형 있는 브랜드 포트폴리오, 업계 최고의 인적 자원
을 확보하고 있다.

F&F는 여성복과 골프웨어를 근간으로 패션사업을 시작했으나 인풋 대비 아웃풋을 극대화하기 위해 2015년과 2016년 2년간의 구조조정 작업을 거치면 아웃도어와 캐주얼, 미니미 아동복에 집중했다. 2011년 엘르(ELLE), 2012년 바닐라비(Banila B), 2016년 4월 레노마 스포츠(RENOMA SPORTS)등의 저효율 브랜드 생산을 중단하며 디스커버리 중심으로 사업 포트폴리오를 재편했다. '선택과 집중' 경영전략의 결과 2017년 11월까지 파악된 디스커버리 매출액 성장률은 36~37% 수준이다.

F&F의 2019년 2·4 매출액과 영업이익은 각각 1,648억 원, 200억 원으로 지난해 같은 기간보다 12%와 3% 증가할 예정이다. 대표 브랜드인 MLB의 면세점 매출은 493억 원, 기존 채널 매출은 371억 원으로 각각 11%와 8% 성장했다.

문제점에 따른 전략	내용
자원의 집중화에 따른 효율·생산성 강화	아웃도어 '디스커버리', 캐주얼 'MLB'에 올인
카니벌라이제이션[17] 현상으로 상품 중복성 논란	아동복은 성인복의 미니미 브랜드 선별
규모의 경제 도달, 신소재 개발, 마케팅 강화 등 브랜드 경쟁력 확보하고 규모의 경제에 도달하지 못한 브랜드 정리	비효율 요소인 여성복과 골프웨어 정리

표 11 F&F 성공비결

디스커버리 채널은 다양한 콘텐츠를 보유하고 있어 브랜드 사업에서도 확장성이 크다고 판단되고 추가적인 수익성 개선도 가능할 것으로 예상된다. 이는 디스커버리의 브랜드력 상승으로 광고 선전비가 지속적으로 감소하고 있기 때문이다.

한편 F&F는 현재 테크, 라이프스타일, 에슬레저 라인을 보유하고 있는데 향후 키즈, 트레블라인까지 확대해나갈 것으로 보인다. 또한 2018년부터 각 사업부와 별도로 디자인 개발, 공간 기획팀을 신설해 크리에이티브 경쟁력을 높인다. 브랜드 사업부의 별도 인력으로서 디자인 경쟁력 강화 및 공간 디자인에 대한 투자를 단행하기 위함이

---

17) 카니벌라이제이션: 기능이나 디자인이 탁월한 후속 제품이 나오면서 해당 기업이 먼저 내놓은 비슷한 제품의 시장을 깎아먹는 경우, 혹은 해외의 값싼 노동력으로 제작한 저가 상품이 아닌 국내 시장에 들어와 자사가 국내에서 만든 고가 제품을 밀어내는 경우 등을 말한다.

다.

해외사업에도 진출하고 있는데, 2018년에는 MLB의 아시아 상표권을 확보하고 국내를 넘어 중화권과 동남아시아로 사업을 확장했다. 이를 통해 F&F는 국내를 넘어 홍콩, 마카오, 대만, 베트남, 싱가포르, 말레이시아, 태국, 인도네시아, 필리핀 등 9개 지역에서 MLB브랜드 사업을 운영할 예정이다. F&F는 국내 라이선스 계약이 1~2년 정도 남았지만 국내외 사업을 안정적으로 운영해나가기 위해 해외 판권 기간과 동일한 2024년까지 연장 계약했다. F&F(에프엔에프)의 2021년도 매출액은 1조891억7,200만원이며 영업이익은 3,213억5,700만원이다. F&F(에프엔에프)는 오는 2025년까지 5조원의 매출을 올린다는 중장기 계획을 세워 추진한다는 방침이다.

라. 한세엠케이

그림 96 한세엠케이·한세드림 로고

한세엠케이는 캐주얼 의류 유통판매 전문 기업으로, 현재 티비제이(TBJ), 버커루(BUCKAROO), 앤듀(ANDEW)와 신규 스포츠 캐주얼 브랜드인 NBA를 포함해 4개의 브랜드를 주력사업으로 하고 있다. 최근 평창롱패딩 인기로 '버커루'의 롱다운점퍼 '롱마스터 다운점퍼'시리즈가 시즌 본격 시작 전 40000장의 초도물량 중 60% 이상 판매되며 2차 리오더까지 완료된 상태이다.

최근 2017년에는 중국에서 40% 매출 신장을 거둔 「NBA」와 신규 론칭했던 「LPGA골프웨어」를 통해 새로운 캐시카우[18]를 확보했으며, 티비제이(TBJ), 버커루(BUCKAROO), 앤듀(ANDEW) 등 기존 캐주얼 브랜드는 10~20대 고객이 메인 타깃인 만큼 모바일과 PC를 통한 상품판매에 나서고 있다.

특히 NBA는 스포츠 트렌드 강세에 힘입어 중국에서 150개 매장을 돌파하며 한세엠케이 매출 증가의 견인차 역할을 하였다. 2017년 7월에는 중국 상하이에서 50여명의 예비 점주 및 대리상, 바이어들이 참석한 'NBA키즈 컬렉션 론칭 수주회'를 성공적으로 마쳤다. NBA키즈는 텐진점을 시작으로 중국에서 총 3개 매장을 운영 중이다. 지난해 론칭한 'LPGA 골프웨어'는 트렌디 퍼포먼스 골프웨어로 입소문을 타면서 빠른 성장세를 보이고 있다. 브랜드 인지도 확산을 위해 모델 한혜진을 새로운 얼굴로 내세웠으며 향후 50여개점 오픈을 목표로 최근 갤러리아 타임월드점, 안양평촌점, 신세계백화점 김해점에 매장을 오픈하여 고객 접점을 늘려가고 있다.

이 밖에도 '앤듀'는 브랜드 슬로건을 대대적으로 리뉴얼하며 차별화된 전략을 진행할 예정이며, '버커루'는 새롭게 모델을 기용해 다채로운 스타일링과 프로모션으로 꾸준한 성장세를 유지할 계획이다. 또 TBJ역시 주력 제품을 앞세워 가을 겨울 시즌 마케팅에 적극 동참하고 있다.

한세엠케이는 2015년을 저점으로 2017년까지 매출이 성장했다. 이러한 매출 성장에는 한세실업에 편입된 후 손익구조 향상 및 중국을 필두로 한 글로벌 사업 분야의 빠른 성장속도가 증가요인으로 작용했다. 여기에 TBJ, 버커루, 앤듀, NBA, LPGA 등 한세엠케이가 운영 중인 5개 브랜드 전략이 더해져 시너지가 극대화된 것으로 보인다.

하지만, 한세엠케이는 2019년 영업적자로 239억을 기록하고 적자전환했다. 매출액은 4.8% 감소하였지만, 당기순이익은 -438억원이었다. 한세엠케이는 2016년 한세그룹 피인수 후 실적이 내리막길을 걷다가 급기야 2019년 대규모 적자로 돌아선 것이다. 그 이유로는 소비 양극화로 중저가 브랜드가 주력인 한세엠케이의 경영환경이 날로 악화되고 있는 것으로 볼 수 있다.

---

18) 시장 점유율이 높아 꾸준한 수익을 가져다주지만 시장의 성장 가능성은 낮은 제품이나 산업을 말한다. 즉 현재 수익 창출은 안정적이지만, 미래 발전 가능성은 높지 않다는 것을 의미한다. 캐시카우로 분류되는 제품이나 산업은 잘 다져진 상표 명성이 있고, 신규 투자 자금이 많이 필요 없으며 현금흐름이 좋아 기업의 자금원 역할을 한다.

(단위 : 억원) / 합병 전 개별기준

	한세엠케이			한세드림		
	2019	2020	2021	2019	2020	2021
매출액	2323	1644	1493	1588	1374	1423
영업이익	-201	-134	-80	118	75	105
영업활동현금흐름	-43	71	73	8	131	205

그림 97 한세엠케이·한세드림 영업실적 현황
자료 : 더벨

2022년 한세엠케이는 유아동복 전문 업체 한세드림과 통합했다. 한세엠케이가 한세드림을 흡수하면서 한세드림이 소멸했고 결과적으로 한세엠케이의 '키즈라인'이 되었다. 합병 전에는 성인 캐주얼 브랜드를 주로 전개해왔으나 수년간 수익성이 악화됐다. 한세드림은 '컬리수'와 '모이몰른', '리바이스키즈' 등으로 키즈라인에서 성장해온 업체이다. 한세드림의 매출액은 2014년 468억원에서 2021년에는 1423억원으로 증가했다. 한세엠케이는 한세드림과 함께 자녀에게 집중하고 투자를 아끼지 않는 MZ세대를 공략하여 향후 키즈라인을 중심으로 글로벌확장에 속도를 낸다는 계획이다.

마. 제로투세븐

그림 98 제로투세븐 로고

제로투세븐은 유아동복 '알로&루', '포래즈', '알퐁소'와 유아 스킨케이 브랜드 '궁중 비책'을 생산·유통하고 있으며, 영국 No.1 수유·이유용품 브랜드 토미티피, 글로벌 승 용완구 브랜드 Y볼루션, 미국 키즈 라이프 스타일 슈즈브랜드 츄즈를 비롯해 유아동

종합몰 제로투세븐닷컴(www.Oto7.com)을 운영하며 유아동 라이프 스타일을 함께하고 있다.

저출산의 영향으로 2014년부터 영업적자가 발생하며 계속해서 누적 적자가 발생하고 있으며, 2016년에는 122억 원으로 영업적자가 큰 폭으로 뛰었다. 하지만 2019년에 의류사업에서 벗어나 경쟁이 덜한 유아용 화장품 사업에 집중하여 흑자전환에 성공하였다.

또한, 앞으로의 전망은 어둡지만은 않을 것으로 예상된다. 이번 새 정부에서 저출산 관련해 정책을 확대한다는 계획을 발표한 바 있으며 중국시장 진출을 앞두고 있기 때문이다. 최근에는 평창 롱패딩이 선풍적 인기를 끌며 유아용 롱패딩 매출이 급증하기도 했다. 또한 제로투세븐은 영업 손실을 만회하기 위해 비효율적인 브랜드를 정리하고 있으며 비효율적인 수입 유통 브랜드의 철수를 계획 중이다.

제로투세븐의 자사패션 브랜드 '포래즈'와 '알로앤루'의 판매량 역시 급격히 증가하여 출시 한 달 만에 전체 출시 물량의 62%가 이미 판매소진된 것으로 알려졌다. 포래즈의 '블랙 롱 다운점퍼'는 예년보다 일찍 찾아온 한파에, 포래즈 전 상품을 통틀어 2017년 11월 둘째 주부터 이주 째 판매량 1위를 기록했다. 5세부터 초등학교 저학년 아이들이 많이 찾는 이 제품은 블랙컬러로 세련되게 연출할 수 있는 겨울 아이템으로 11월 초부터 판매가 급증하여 일부 오프라인 매장에선 품절사태를 빚었다.

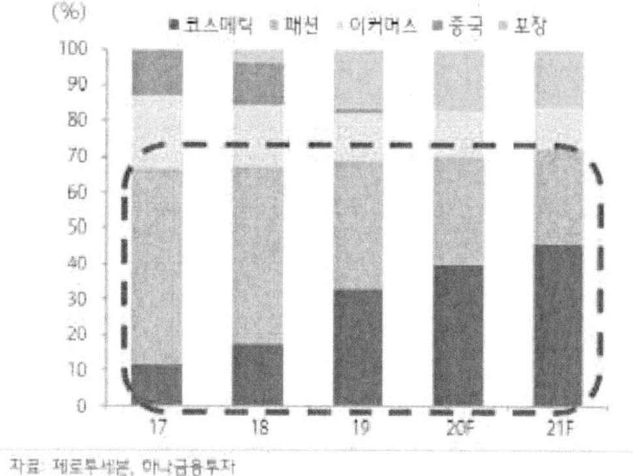

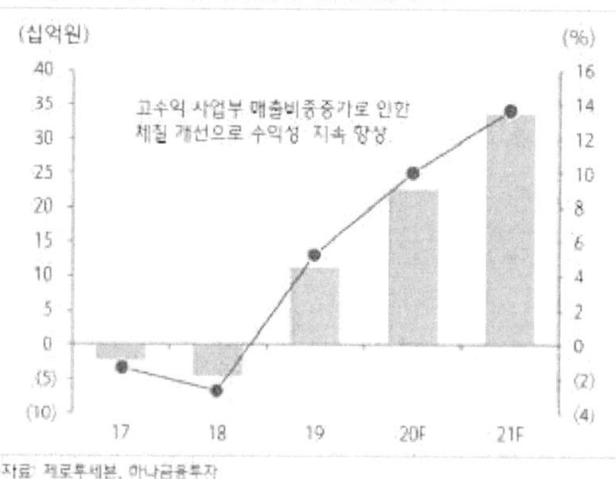

그림 99 제로투세븐 매출 및 영업이익 추이
자료 : 제로투세븐, 하나금융투자

제로투세븐의 '궁중비책'을 중심으로 한 코스메틱 사업부 매출비중이 늘어나면서

제로투세븐의 체질을 개선하고 있다는 평가가 나온다. 실제로 '궁중비책'의
고성장으로 제로투세븐의 영업이익이 4.5% 성장률을 보이고 있다.

바. 코웰패션

그림 100 코웰패션 로고

코웰패션은 의류 및 기타 패션잡화의 제조와 판매 사업을 영위하는 업체로 필코전자
와 2015년 합병하며 상장하였다. 사업영역은 크게 전자사업부와 패션사업부로 나뉜
다. 전자사업부는 2016년 구조조정이 완료되어 안정적인 사업영위가 가능하며 패션사
업부의 고성장이 기대된다.

1Q17기준 사업부별 연결매출 비중은 패션사업부 84.8%, 전자사업부 15.2%로 구성되
어 있으며, 회사 성장의 주축이 되는 패션사업부의 2016년 기준 제품별 매출 비중은
언더웨어 55%, 의류 30%, 기타 15%로 이루어져 있다. 차별화된 사업구조로 안정적
으로 사업을 영위할 수 있으며 동종업체 대비 높은 마진율을 기록할 수 있다는 특징
이 있다.

코웰패션은 글로벌 스포츠 브랜드인 아디다스, 푸마, 리복을 주력으로 10여개 브랜드
와 라이선스 계약을 통해 의류 및 패션잡화를 생산한다. 남다른 브랜드 소싱 능력을
발휘하여 볼빅, 테일러메이드와 같은 골프웨어 브랜드 및 아웃도어 브랜드인 콜롬비
아와 라이선스 계약을 체결하여 매년 브랜드 포트폴리오를 확장해 나가고 있다. 글로
벌 브랜드 라이선스 계약확장과 더불어 제품믹스도 다변화되고 있는데 2015년 70%
를 상회하던 언더웨어 비중은 2016년 55% 수준으로 감소하였다. 또한 2017년 6월
프랑스 의류브랜드 인웅가로와 라이선스 계약을 체결하며, 향후 남성캐주얼과 골프웨
어를 국내에 런칭할 전망이다.

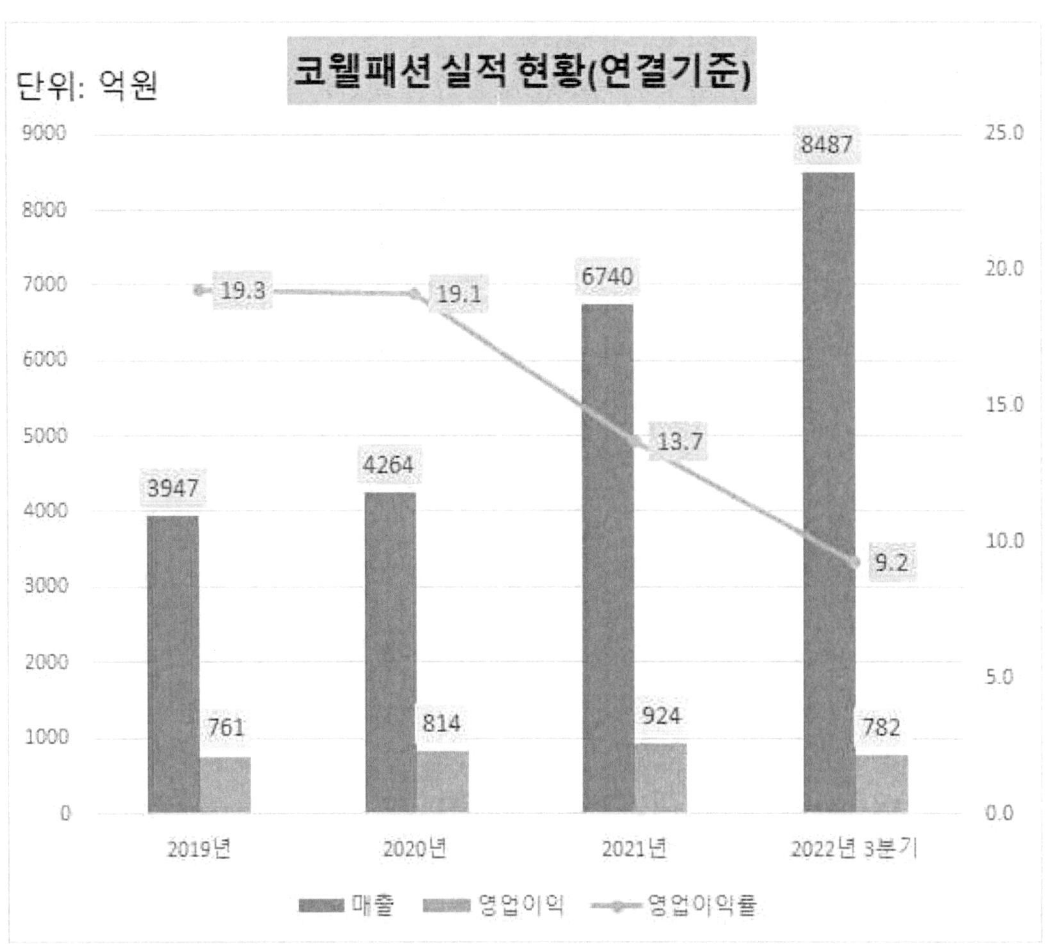

그림 101 코웰패션 실적 현황
자료 : 더벨

코웰패션과 같이 브랜드를 보유한 의류업체들이 실적에 영향을 줄 수 있는 요소들로
마케팅 비용, 재고수준, 원가경쟁력, 판매채널, 브랜드 경쟁력 등을 꼽을 수 있는데,
코웰패션은 이러한 요소에서 우위를 점하고 있는 것으로 분석되었다.

먼저 마케팅비용 측면에서 보면 아디다스, 리복, 푸마, 테일러메이드, 콜롬비아 등 글
로벌 유명 브랜드와 라이선스 계약을 통해 제품을 생산하기 때문에 수익성을 해칠 만
한 마케팅 비용 집행이 제한적이다.

코웰패션의 판매채널 비중을 살펴보면 홈쇼핑/티커머스 65%, 온라인 30%, 기타 5%
로 구성되어 있다. 1차 홈쇼핑 판매 후 잔여분은 인터넷 쇼핑몰과 소셜커머스 등 오
픈마켓을 통해 할인된 가격으로 판매되기 때문에 재고 소진이 빠르다. 동사의 2016년
도 기준 재고자산 회전율은 6.27회로 동종 업체 대비 매우 높은 수준을 기록하고 있

다.

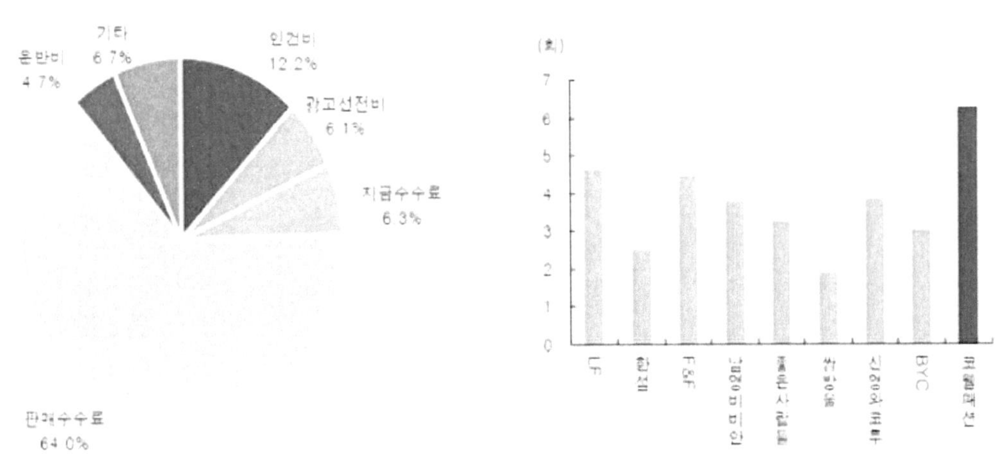

그림 102 코웰패션 2016년도 판관비와 동종업체 재고자산 회전율

원가 경쟁력 측면에서도 제품 대부분이 인건비가 낮은 중국과 동남아에 거점을 둔 생산시설에서 만들어 지기 때문에 우수한 원가경쟁력을 갖추고 있다. 2016년 코웰패션의 원가율은 48.4%로 2015년 대비 5.4%p 개선되었으며, 1Q17 원가율은 43.8%fh 2016년 대비 46%p 개선되었다.

의류업체의 가장 큰 경쟁력과 리스크는 브랜드라고 할 수 있는데 코웰패션은 브랜드와 제품포트폴리오가 다변화되어 있어 단일브랜드 의존도에 관련한 우려는 제한적이라고 판단된다. 향후 가방과 신발 등으로 제품 포트폴리오를 늘려나가고 있어 동종업체 대비 분기별 실적의 변동폭이 완화될 전망이다.

잡화 브랜드 분크의 분위기가 긍정적이어서 대표 제품인 토크가 면세에서 호조를 보이고 있고 신제품 오캄 라운드에 대한 초기 반응도 좋다. 2021년 분크의 매출액은 200억 원을 기록했다.

2021년에는 코웰패션의 종속회사인 씨에프인베스트먼트가 로젠택배를 인수했다. 코웰패션은 이커머스 시장에 지속적인 투자를 바탕으로 매출 비중을 늘려가고 있다. 국내 이커머스 시장이 크게 성장할 것으로 기대되는 만큼 로젠택배 인수로 코웰패션의 실적이 더욱 향상될 것으로 보인다.

그림 103 코웰패션의 브랜드 포트폴리오
자료 : 코웰패션

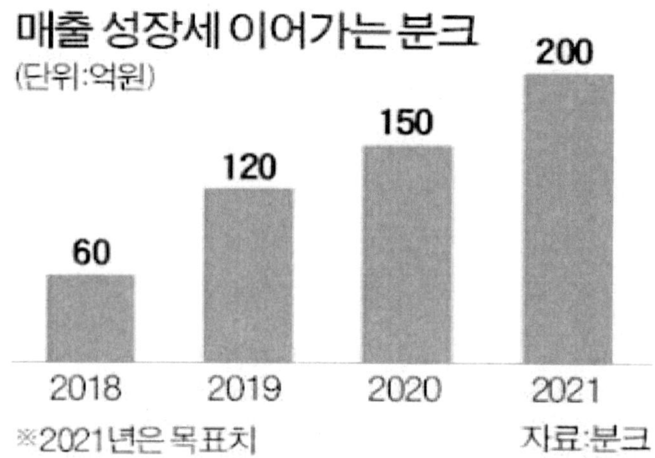

그림 104 분크 매출 추이
자료 : 분크

6. 결론

과거 2010년대 초반 '등골 브레이커 패딩'이 신조어로 떠오른 적이 있었다. 중고생 사이에 일었던 '명품패딩붐' 때문에 이를 사기 위한 부모의 등골이 휜다는 의미로 생겨난 단어이다. 이 신조어를 탄생시킨 주인공 '노스페이스 패딩'은 당시 한국학생들의 교복처럼 불릴 만큼 많은 인기를 모았고 판매금액에 따라 계급을 구분 짓고 있다는 것이 알려지면서 사회적 이슈로 거론되기 시작했다. 2010년대 중반에는 서울 강남지역 학생들을 중심으로 150~200만원 상당의 패딩이 인기를 끌기도 했다.

이처럼 높은 가격이 문제가 되었던 겨울 아우터의 판도가 최근 평창 롱패딩으로 바뀌었다. 실제 제작을 했던 신성통상의 말을 들어보면 '가성비갑 패딩'으로 불리며 기존 겨울 아우터 시장의 상식을 깬 평창 롱패딩의 가격은 정상가격이라고 한다. 속털 80%, 깃털 20%로 기존 제품과 별 차이 없는 함유량으로 14만원 대라는 저렴한 가격에 판매할 수 있었던 이유는 바로 가격에서 높은 비율을 차지하는 유통마진을 줄였기 때문이다.

가성비와 여러 가지 요인이 더해져 만들어진 '평창 롱패딩 열풍'으로 최근 수년간 침체에 빠졌던 의류업계가 다시 살아나고 있다. 주요 아웃도어 브랜드의 매출도 전년 동기대비 30% 이상 증가했다고 한다.

2022년 의류산업의 성장률은 전년대비 소폭 상승할 것으로 전망된다. 코로나19 이후 스포츠웨어를 찾는 젊은 소비자들로 인해 스포츠웨어 시장이 크게 성장했고 앞으로도 일상생활에서 편안하게 입고 활동할 수 있는 일상복으로서 그 가치를 더할 것으로 전망된다. 2022년 국내 패션시장은 6.2% 성장한 46조 4천억원에 이를 것으로 보이며 세계 패션시장도 팬데믹 이전 수준으로 더디지만 완전히 회복될 것으로 예상된다.

특히 유통망의 변화를 주목해야 하는데 오프라인과 온라인 및 모바일 경계가 모호해지면서 온라인 기반의 의류쇼핑몰들의 성장 추세가 두드러지고 있다는 점은 중요하다. 온라인에서 구매한 제품을 가까운 오프라인 매장에서 수령할 수 있도록 하는 옴니채널이 발전하고 있는데, 이에 따라 대부분의 패션업체들은 자사 온라인몰을 운영 또는 런칭을 계획하거나, 기존의 타 온라인 플랫폼을 활용한다고 한다. 패션 의류 기업은 오프라인 유통망과 온라인/모바일 판매 플랫폼의 적절한 포트폴리오를 구축하여 소비자 구매에 유연하게 대응하는 것이 중요할 것으로 판단된다.

글로벌 마케팅 리서치 기업인 칸타에 따르면 2025년 세계 패션시장의 규모는 2020년 대비 20% 증가한 약 427조원에 달할 것으로 전망되며, 이는 SPA브랜드에 의해 창출된 결과일 것이라고 예측했다. 국내 성장세를 이어가고 있는 토종 SPA 브랜드의 세계화를 위한 준비가 필요하다.

앞으로의 패션산업의 전망은 AI를 활용한 소비 트렌드 및 수요를 예측하여 디자인 제시와 고객 서비스를 제공할 수 있다. AI는 제품의 디자인, 색상, 원단의 특성 및 소비자의 구매이력, 판매실적을 분석하여 향후 어떠한 제품이 유행하게 될지를 판단한다. 기업은 AI가 분석한 데이터 결과를 참고하여 제품을 생산하고 소비자는 AI가 추천한 제품을 구매하는 소비 패턴의 변화가 일어나고 있다.

또한 AR 거울을 활용한 가상 피팅 서비스를 제공한다. AR 가상 거울은 장비 보급 확대와 기술의 발전으로 패션업계의 새로운 마케팅 방식으로 점차 자리 잡고 있는 추세이다. 롯데백화점과 현대백화점은 3D 가상 피팅 거울을 활용해 인기 브랜드 상품을 피팅할 수 있는 서비스를 제공해 마케팅을 전개한다. 영국 명품 브랜드 버버리는 애플사의 AR 기술을 자사 스마트폰 애플리케이션에 도입했다.

4차 산업혁명과 더불어 패션산업도 나날이 발전하고 있다. 소비자의 소비패턴과 언제 어디서든 가상현실로 옷을 입어볼 수 있게 되었다. 소비자의 편의가 증대되어 만족도가 높아질 것으로 예상된다. 기업은 소비자 분석을 통해 효율적인 마케팅을 할 수 있게 되었다. 앞으로의 변화와 함께 패션 산업도 발맞춰 나가야 한다.

<참고문헌>

1) 산업통상자원부 무역위원회 중소기업연구원(2016.02)

2) 한국디자인진흥원(2016)

3) Marketline(2015.5) "Global apparel retail"

4) 통계청

5) 관세청

6) 카타월드패널(2015)

7) Criteo(2016)

8) Boston Retail Partners(2017)

9) Magnetic and Retail TouchPoints.

10) Boston Retail Partners

11) 한국섬유산업연합회

12) 삼성패션연구소(SFI)

13) <국내외 패션유통 구조 및 실태조사>, 한국콘텐츠진흥원

14) 한국섬유산업연합회(2016.12)

15) 김효정(2016), 국내 디자이너 브랜드의 해외시장 진출을 위한 글로벌 마케팅 전략 연구

16) Global Trade Atlas

17) <중국 소비의 흐름을 파악하라>, 조용준 신영증권 리서치센터장

18) 중국전자상거래 연구센터

초판 1쇄 인쇄 2018년 6월 1일
초판 1쇄 발행 2018년 6월 9일
개정판 발행 2019년 7월 10일
개정2판 발행 2021년 2월 15일
개정3판 발행 2023년 1월 16일

편저 ㈜비피기술거래, ㈜비피제이기술거래
펴낸곳 비티타임즈
발행자번호 959406
주소 전북 전주시 서신동 832번지 4층
대표전화 063 277 3557
팩스 063 277 3558
이메일 bpj3558@naver.com
ISBN 979-11-6345-408-3(93380)
가격 66,000원

이 도서의 국립중앙도서관 출판예정도서목록(CIP)은 서지정보유통지원시스템 홈페이지
(http://seoji.nl.go.kr) 와국가자료공동목록시스템 (http://www.nl.go.kr/kolisnet)에서 이용하실 수 있
습니다.